U0015762

〈中央研究院講座系列〉之二

# 當代社會中的理性

Reasoning in Contemporary Society

Charles Taylor　查爾斯・泰勒　著

蕭高彥　編

蔣馥朵　譯

# 「中央研究院講座系列」序

中央研究院前副院長　王汎森

　　2008年為中央研究院創立八十週年，除了慶祝八十年來的艱辛與榮耀外，展望未來，在翁啟惠院長的構思下，決定自2009年起設置「中央研究院講座」，不定期邀請世界級學者來院發表演講，期為台灣學術發展注入新活力。「中央研究院講座」定位為本院最崇高的講座，初步由數理、生命組開始規畫，逐步擴及人文社會領域。講座人選以研究領域為考量，打破所或中心的界限，以諾貝爾獎得主或同等級之重要學者為首要邀請對象。

　　2013年之前的中央研究院講座，演講人都發表兩次公開演講，並將影音檔存留於本院官方網站。然而，人文社會科學的發展需要，與自然科學和生命科學有所不同，有必要以文字印刷為媒介，讓讀者能夠通過閱讀與反思，理解各個學問領域最新的發展趨勢以及未來可能取向；並以書籍為基礎，觸類旁通，選擇相關學術著作從事進一步研究。基於上述考量，我

們決定請擔任中央研究院講座的人文社會科學學者，發表三次演講，並於事後將其講稿翻譯成中文，以「中央研究院講座系列」方式刊行。

　　繼2013年本院邀請劍橋大學前副校長暨皇家講座教授昆丁・史金納（Quentin Skinner）教授進行第一次人文領域的「中央研究院講座」，並將其講稿編輯翻譯為《政治價值的系譜》出版後，本院在2016年4月邀請加拿大麥基爾大學退休講座教授，世界著名的哲學家查爾斯・泰勒（Charles Taylor）教授訪台，進行第二次人文領域的「中央研究院講座」，並將其講稿編輯翻譯成書。

　　未來隨著時間的累積，相信這個系列能夠很快地在華文世界建立起現代經典的角色，扮演「檀納人文價值講座」（Tanner Lectures on Human Values）在英語世界中的角色，令讀者迅速跟上各個研究領域的最新研究成果，以及重要學者對於未來學術發展潮流或跨越學科藩籬的評估。希望本院這方面的努力可以深植、活化我國的學術傳統。

# 「中央研究院講座系列」序

中央研究院副院長　黃進興

　　中央研究院是我國最高之學術研究機關，負有指導及獎勵學術研究的任務。除了推選全國學術界成績卓著人士為中央研究院院士之外，本院實際組織則以數理科學、生命科學，以及人文社會科學三組，成立研究所及研究中心，延聘優秀學者，從事各領域最為尖端的原創性研究。

　　在學術研究之外，正如同世界的頂尖大學及研究機構，中央研究院也運用豐富的資源，發揮其獨特的學研角色，扮演學術界與社會大眾知識的橋梁。而「中央研究院講座」則是其中重要的一環，每年邀請全世界最頂尖的學者來院訪問，並發表演講，介紹其專精領域最新的研究成果及展望。

　　在人文社會科學方面，世界各國重要學者，除了深耕學術研究，往往也在各國的社會、政治、文化生活扮演極為重要的公共知識分子角色，甚至在關鍵的歷史時刻，形成民族風尚。他們的演講，往往

運用學術理論於經世致用，如哲學家費希特（Johann Gottlieb Fichte）對德國民族的演講，或社會學家韋伯（Max Weber）關於學術及政治作為志業的演講，均為其中之著例。

2016年「中央研究院講座」來訪的查爾斯‧泰勒教授，多年來在倫理學、政治哲學，以及思想史方面的學術研究，躋身世界一流學者及思想家之列。他近年來關於世俗化的理論，在學界產生重要影響，個人在從事孔廟聖地的分析時，曾有所參照。我也把握了他訪問中研院史語所的機會，與他當面討論在跨文化的脈絡下，神聖性與世俗化對立的不同可能樣態。

多年前個人遠渡重洋到哈佛深造，當時校園內名師雲集，也常有世界級的學者到訪演講，百家齊鳴，交織成一部波瀾壯闊的交響曲。期望未來中研院講座所邀請的大師，能在造訪的當時，對我國學術界產生積極的助益。而陸續刊行「中央研究院講座系列」後，能讓年輕學子及社會大眾有機會了解人文社會科學的最新發展，並思考這些理論觀點如何與我們所處在地社會文化激盪出新的前瞻性思維。

# 目次

# 查爾斯‧泰勒關於「另類現代性」的考察

蕭高彥

中央研究院人文社會科學研究中心

特聘研究員

　　2016年度「中央研究院講座」邀請到國際知名的哲學家查爾斯・泰勒來台演說。泰勒教授是加拿大人，研究所時代負笈英國，在牛津大學取得博士學位，之後曾擔任牛津大學Chichele講座教授，並同時任教於蒙特婁的麥基爾大學。潛心學術研究之餘，泰勒教授極為關懷政治現實，並曾積極參與。在60年代，當他毅然放棄牛津大學講座教授，回到加拿大全職任教後，曾經代表新民主黨（New Democratic Party）四度參加眾議員的選舉。最為人所津津樂道的是在1965年的選舉中他輸給了當時的政壇新秀，也就是未來總理的皮耶・杜魯道（Pierre Trudeau）。之後泰勒教授雖然沒有繼續參選，但仍持續積極參與魁北克關於語言政策的立法討論，將其政治哲學的思考落實於實踐領域。

　　泰勒教授的研究興趣非常廣泛，包含了認識論、倫理學、政治哲學，乃至思想史及歷史哲學。他勤於著述，著作等身，計有20餘本學術專書及500多篇學術論文。泰勒教授一以貫之的學術旨趣，在於探討人作為行動者（human agent）在社會及歷史行動中，所展現出獨特的思想及行動樣態，並且嘗試從哲學及思

想史的角度，呈現這些人類豐富的歷史經驗。

　　泰勒教授在取得博士學位後，主要關注的焦點在於批判當時盛行的行為主義（behaviorism）。雖然在英國接受哲學訓練，但他很快地便脫離了分析哲學的主流陣營，並且運用歐陸詮釋學（hermeneutics）的傳統，主張人是創造意義的動物，必須通過每一個人有意義的行動所交織出主體際（intersubjective）的意義網絡，才能適當地理解。泰勒教授之後將構成此意義網絡的思想資源，稱為特定社群的「社會想像」（social imaginary）。這些社會想像，構成了人們在歷史中持續思考以及行動的脈絡，唯有深入理解詮釋這些資源，才能掌握人類行動的真義，畢竟這無法用外在行為的表徵加以機械式地解釋。

　　泰勒教授在70年代積極爬梳歐陸的思想史，特別是德國觀念論（German idealism）及浪漫主義（romanticism）傳統。他的巨著《黑格爾》是英語世界討論黑格爾哲學的分水嶺，讓歐陸以外的讀者，能夠從細緻的歷史背景分析，以及黑格爾理論系統化的兩個面向，掌握其思想之精義，擺脫二戰前後討論黑格爾與國家主義或極權主義關連的窠臼。

　　在思想史研究的基礎上，泰勒教授建構了其政治哲學的理論體系，其主軸在於探究「另類現代性」（alternative modernities）的形成。他主張主流的現代性是由市場經濟，以及管理取向的官僚國家所構成，但這絕非如「工具理性」（instrumental rationality）主張者的信念，認為這即足以窮盡現代性。對泰勒教授而言，現代性同時發展出市民社會（civil society）、公共領域（public sphere）及民族（nation）或國民（people）的不同理念，並在主流現代性的框架下，嘗試追求克服社會趨同性帶來的同質化（homogenization）現象，以建構能尊重差異性的社會政治形態。

　　泰勒教授在這個時期的政治哲學論述中，批判早期羅爾斯（John Rawls）在《正義論》所展現出的康德主義面向，強調程序正義足以推動公平的社會。在這個議題上，泰勒教授和麥肯泰（Alasdair McIntyre）及沈岱爾（Michael Sandel）等思想家共同開啟了社群主義（communitarianism）的思想風潮，將黑格爾的觀念論及亞里斯多德的實踐哲學，提升為可與康德式普遍主義抗衡的思想資源，帶動了80年代末期政治哲學的重大變遷。同時，也使得羅爾斯從早期的康

德主義取向，轉變為90年代以後主張「政治而非形上學」（political not metaphysical）的政治自由主義（political liberalism）。在這個時期，泰勒教授除了完成《自我的根源：現代認同的形成》這本學術巨著之外，他在多元文化論（multiculturalism）場域所提出的「承認政治論」（politics of recognition），以及他對加拿大法語社群作為獨特的文化群體所提出的民族主義辯護，都成為政治哲學界的討論主題。在90年代中期以來，泰勒教授關注現代社會中的宗教議題，並且對於宗教社群在世俗化的過程中所扮演（以及應當扮演）的角色，提出了與啟蒙思想完全不同的論述。

　　在兩次「中央研究院講座」中，泰勒教授分別探討了西方民主的危機，以及現代社會中的世俗主義兩個議題，綜合了他長期以來的政治思想及歷史哲學反思。在民主議題方面，他指出民主作為「人民主治」的政治形態，其中的「人民」一詞，從希臘以來便具有廣義的全體人民，以及狹義的非菁英之人民兩種可能意涵。民主政府的正當性，廣義而言來自於全體人民，但狹義則意味著政治領袖需要得到平民的支持。泰勒教授強調，「人民」的歧義，在西方形成了一種

辯證發展的關係，從而產生了一種「目的式」（telic）
的民主觀：在現存的社會中，仍有菁英及平民間權力
的不平等，民主社會的目標則是克服此種社會不平
等。換言之，民主是一個過程，應當不斷擴充「人
民」的影響力，並包含更多的平民。然而，70年代以
來的西方民主，因為不平等的持續滋長，導致了政治
參與降低，以及對民主信念的流失。泰勒教授主張，
唯有將民主重新理解為一種「目的式」過程，方能提
升西方民主的正當性。

　　在第二講之中，泰勒教授區分西方民主社會處理
宗教組織的兩種模式。其一為美國模式：在立憲以
後，致力創造一個性質中立的聯邦政府，在不同的信
仰團體中，尋找某些交疊共識，並且以此作為政治治
理的基礎。另一則為法國模式：在法國大革命推翻舊
制度之後，共和政府著重於控制組織龐大且長期具有
壟斷地位的天主教會。這兩種不同的模式，也形成了
西方自由民主社會中現代世俗主義的兩種樣態：前者
重視公平而和諧的管理多元性，後者則極力將宗教維
持在其特定領域中，不得越界。泰勒教授主張，在多
元分歧的現代社會中，美國模式比較能實現包容性的

政治治理。

　　泰勒教授事前已經提供兩份講稿紙本，但在實際演說前，都在會場旁的貴賓室，重新翻閱自己的講稿，潛心專注思考。演講時，他完全不依賴講稿、大綱或投影片，將其主要論點發揮得淋漓盡致，而且時間控制得極為完美，令人印象深刻。兩場講座都聚集了滿堂聽眾，在演講結束後，除了踴躍提問之外，更有許多學者及莘莘學子拿著泰勒教授的書籍請他簽名，或繼續討論。

　　在演講完畢後，經與泰勒教授溝通，他同意除了兩講之外，另外提供一篇他討論西方近代理性及道德秩序觀念發展史的稿件，作為其論述民主與世俗化問題的哲學及思想史的基礎，也就是本書的第三講。而在第二講與第三講手稿中，有小部分重複之處，則由編者重新編輯，以使兩講的主題能夠有所區別。本次講座之文稿有部分內容接近工作中的初稿（work in progress），並不容易翻譯。本書譯者蔣馥朵小姐付出了相當的時間與心力，編者謹致謝忱。

# 西方民主的危機？

　　非常感謝翁院長及中央研究院的邀請，讓我有機會在「中央研究院講座」討論當代社會幾個關鍵議題。台灣是一座民主活躍的島嶼，非常適合進行這方面的探討。

　　接下來，我主要想論述的議題是「西方」民主。今日的民主有許多形式，我唯一敢自稱熟悉的，只有西方民主，也就是當前主導北大西洋地區的民主形式。不過，以全球局勢觀之，民主國家其實具有許多面貌，即使排除了名不符實、完全不配「民主」之名的假民主國家（這類國家不勝枚舉），民主的形式還是相當多樣。當然，如果將多少還算合乎民主的政治體放在一起，那麼現有政體的絕大多數都可劃入這個範圍。由此可看出我們這個時代的一些共通假設。事實上，要是你深入探究，會發現每個民主國家都自成一格。

## （一）綜評民主

　　民主的意思是權力歸於人民，由人民來治理。但在實務上，這究竟是什麼意思？民主的「治理」與一人獨治（autocracy）的「治理」不同；後者的治理方

式很直接，就是由國王或獨裁者下令、任命所有重要
官員，並做出所有關鍵決定。

　　但「人民」的統治不能如此直接。可以說，人民
要先讓自己有個共同「意志」（will）。唯有透過複雜
的制度與程序，才有可能產生這樣的意志，而這些
制度與程序又要在社會想像（social imaginaries）中
才有意義。主流的社會想像在某些特定時期不懂民
主，導致民主失敗，這是常有的事。以當前阿富汗為
例，大家還是習慣將各部族參與的支爾格大會（*Loya
Jirga*）視為具有正當性的決策機構，而非替經過普
選產生的議會與總統賦予正當性的機構。當然，民主
之所以失敗，也或許是因為我們對民主的理解並不適
用。比方說，人民選舉出的議員就會遵循人民的意志
嗎？鑑於民主過程的複雜度，也由於其中有諸多難以
確認的事實，因此常令人懷疑最後的結果究竟是否符
合當初的預期。[1]

---

1　見 Edmund Morgan, *Inventing the People: The Rise of
　　Popular Sovereignty in England and America*（New York: W.
　　W. Norton, 1988）。

存在於實際情況中的，是各自有其想像的民主社
會。所謂想像，指的是他們對自己身為民主國家的想
像，以及他們對應這想像而採取的一系列作為。至於
現實，甚至還更為混亂多變，因為各個社會通常有不
同的自我構思（auto-conception），各自分歧，並且隨
時間而不斷演變。[2]

## （二）民主前進？

在今日，西方自由社會普遍相信，無論形式為
何，民主確實是正在向前邁進（雖然大家不大清楚各
種民主之間的真正差異）。許多人相信，我們正走在
一條以全球民主化為終點的道路上。眾所周知，這是
條顛簸的道路，民主發展有時突飛猛進，有時節節衰
退。民主在1930年代歷經了嚴重衰退：許多在第一
次世界大戰（一場本意是要讓世界更適合民主國家的

---

2 「人民只能透過近似與連續的自我呈現而存在」（*le peuple
n'existe qu'à travers des représentations approximatives et
successives de lui-même.*），見 Pierre Rosanvallon, *Pour une
Histoire Conceptuelle du Politique*（Paris: Seuil, 2003）, p. 16。

戰爭）後建立起的新生民主國家反而深受威權統治之
害。不過，隨著同盟國在二戰的勝利、殖民主義終結
及柏林圍牆倒塌，部分非洲地區出現了令人充滿希望
的發展，中東地區也迎來了阿拉伯之春。

　　但另一方面，仍舊出現嚴重的民主倒退。中國遲
遲沒有進展，俄國恢復到一種高度控制的「民主」，
而阿拉伯之春過去曾給予人的希望，如今早已煙消雲
散。不過西方人大多還是十分樂觀，因為他們認為，
有一股力量仍在默默運作。這是一種什麼樣的想法？
他們認為，因為這是最穩定的政府形式，所以民主終
將取得勝利。甚至可能有人會主張，因為維護民主並
不需要時時採取鎮壓手段，所以這是唯一真正穩定的
形式。

　　民主是最**穩定**的形式？這種見解應該會讓十八世
紀的人大吃一驚。美國開國元勛區分了「民主」與
「共和」這兩種統治形式，並選擇了後者。不過，這
是因為他們採用了另一種民主定義，可上溯古典時
期。我之後會回來談這一點。回頭看這種樂觀展望背
後的思維，其實民主吸引力的祕密，在於這種制度帶
來了「法治」（rule of law）。人們得以平安生活，是

因為他們的權利受到尊重，即使權利受到侵害，也可
以在法庭上獲得補償。同時，固定舉行的普選也可確
保利益（至少是多數人的利益）不會被完全忽視。

　　因此，民主國家的穩定度是其他政體無法企及
的。此外，其他政體必定會承受不斷升高的壓力，因
為當代世界有一個普遍的特點，就是教育、傳媒、經
濟變化、全球化、消費資本主義等等，會將人們由對
權力菁英的忠誠中解放出來，最終使得威權國家航向
充滿不穩定性的海洋。引進民主是平穩情勢的唯一可
行方式。因此，許多人預測，就算是中國，都有躋身
民主國家之列的一天。

　　這種觀點背後，有一套對民主的理解，我們或可
稱為準熊彼得式（quasi-Shumpeterian）理解。人民由
平等的個人組成（至少理論上是這樣），人人都有自
己的一票；而實際上施行統治的，是專家菁英及自行
上位的政治家。當然，人民還是定期投票，選舉也都
符合自由與公平的標準。這樣一來，確實有可能替換
現任官員，如果現任統治者地位不穩，隨時有其他菁
英等著起而代之。

　　我們姑且稱此為統治的「偶然性」（contingency）

特點。這項特點還有其他條件，如自由的媒體、意見交流的公開平台，以及集會權利等等。這些事物有助於選舉的自由與公平，若是沒有這些條件，便無法使不同統治者順利輪替，因此妨礙了偶然性。在西方自由主義式思想中，還存在另一項條件，就是所有人都要受到平等公正的對待，即使是在種族、文化和宗教方面與主流不同的人也一樣。這項條件的目的，就是為了包容（inclusion）。

這個體制讓至少是多數人能夠受到認可，也使局面達到歷史上前所未見的穩定；可說大大逆轉了古典時期，甚至是十八世紀晚期的情勢，如我之前所述。美國開國元勛對民主的態度十分戒備，這種觀點可上溯到亞里斯多德。既然民主乃是由人民統治，統治者自然不是菁英。如此一來，不但會帶來危險與不穩定，甚至可能會出現掠奪人民財產的狀況，而財產正是繁榮與文明的基礎。不過，這種想法在準熊彼得式觀點中已不復存。自由主義思想將大獲全勝的樂觀預測，背後正是「健全的民主能保持穩定」這個觀點。

這幅圖像有什麼問題？首先，這顯然低估了威權政體可以運用的資源，特別是民族主義（nationalism），

這讓人在面對過去的西方殖民強權時懷有一種歷史的委屈感，甚至是一種在強權手下的屈辱感，並懷疑這些西方強權正在透過助長怠惰、同性戀等等不良風氣，來摧毀其社會結構與宗教，以削弱他們的國力。普丁甚至想建立起「反自由主義國際」（counter-liberal international），發揮團結力量來抵擋文化道德的敗壞。此外，這種樂觀預期也忽略了既有民主國家內部的衰敗與倒退，使得民主國家面對新挑戰時更沒有回應能力。

## （三）民主衰退

　　不過，要了解這一點，我們必須參考另一種仍延續著舊有傳統的民主概念形構（conception）。民主不單純是由全體人民施行統治而已，還必須將會對指涉人民的詞語（people、demos 和 populus）造成影響的模糊與歧義納入考量。在現代歐洲語言中，這個詞彙擺盪於兩種意涵之間：廣義來說，人民包含了社會中的所有成員，至於狹義中的人民，指的則是非菁英階層。後者正是古典定義下的平民（demos），亞里斯多

德也因而以「民主」（democracy）來指涉這種由平民
統治富人與貴族的階級統治形式。十八世紀晚期的思
維，可以說不過是追隨亞里斯多德而已。因此，亞里
斯多德的理想政體，是一種不同階級之間的權力平衡，
以防出現寡頭或民主這兩種階級力量懸殊的政體。

我在這裡想重新提出的當代概念形構，是熊彼得
式概念的替代選擇，但並不只是要回歸古典意義而
已，畢竟亞里斯多德的思想中沒有這種普世平等主
義色調。我要說的是，由廣義的「人民」施行統治，
是民主的**目的**（telos）。然而，在現代社會中，菁英
與非菁英之間不但會持續保有懸殊的權力差距，已然
消弭的差距都有死灰復燃的可能。因此，這樣的社會
需要轉型，才能達到或守護這個社會目標。若不保留
「人民」一詞的雙重意義，我們無法好好陳述此種民
主理解，也無法討論實現民主所需要的條件。

在「人民」的兩種意義之間，其實有著內在的連
結。希臘的「階級」（class）概念融入了現代「全面」
式（all-englobing）的定義，透過一種末世、宿命的
希望，期待第一種定義最終會轉變為第二種。若以烏
托邦形式表現，就是「社會主義國際必定實現」（搭

著國際歌的旋律）。不過，這的確是民主的一項重要承諾，可以稱為「目的」（telic）式概念形構──當然，這兩種概念構成都是理想型，多數當代西方民主國家的社會想像其實更為複雜，也不盡然一致。大多數的認知都擺盪在熊彼得式和目的式之間，端看政治脈絡與議題為何。

但就民主理論的層次，我在使用「熊彼得式」的說法時，彷彿認定「目的」已然達成，勢不可逆，我們從此可以忘掉以階級為基礎的狹隘人民定義。當然，的確時常有人呼籲，我們**應當**忘掉這種定義，而平等政策的支持者也常受到反對者指責，稱前者是在挑起「階級戰爭」。但這種想法和事實實在相去甚遠，無論過去或當代皆然。我們很難相信民主的目的已經獲得實現，**不可逆轉**。觀察過去兩世紀以來真實世界裡的民主，可以看到情勢不斷在進步與退步之間搖擺。隨著時間變化，菁英與非菁英的區分基礎、社會力量的基礎都不斷在改變。

最早的權力劃分基礎是地產，接著是對工業與鐵路的掌控。隨後，控制者由個人演變為集團，進而成為跨國集團。當代金融機構對我們整體生活的影響力

之廣泛，到了不成比例的地步。美國二十世紀初訂定的反托拉斯法案，或二戰結束後的西方福利國家，這些以抗衡或抵銷其影響為目的的手段或安排，不是本身逐漸失去作用，就是在新的國際權力分布中失效。

在追求經濟平等的路上，同樣也是有得有失。工業與商業發展降低了早期因地產而造成的不平等，但工商業發展讓美國迎來「強盜大亨」（robber barons）時代，又嚴重加深不平等。隨著福利國家的建立、貿易聯盟的成長，以及充分就業政策的推動後，先前的嚴重不平等情況在二十世紀中期和緩下來。然而，自1970年代起，前些時候的進展開始穩定倒退，經濟不平等達到歷史新高。因此，將民主視為一個尚待達成的目的，在我們的時代仍有其意義，即便在將來，其重要性也不會有淹沒於歷史中的一天。

我認為，由現代民主史中的另一樁事實，可以看出「目的」式概念形構的重要性。各種議題的支持者在民主場域中角力，而最重要的議題事實上都圍繞著以下疑問：我們究竟是正朝著目的前進，還是漸行漸遠？當人民感受到進步，就是民主政治最有活力的時候。二戰結束後的「輝煌三十年」（*Trente Glorieuses*）

榮景、今日的印度，[3]以及民主希望在埃及解放廣場萌芽的時刻，就是人民深切感受到民主活力的時刻。反之，當我們偏離這條路，越來越憤世嫉俗時，公民參與也隨之下降。相較於戰後時期，民主在今日的西方國家裡顯得疲軟無力。[4]

## （四）民主的條件

現在，我們來看看現代民主的幾項條件。我想先舉出四點，接著再針對其中一點詳細討論。要成功轉型到民主，我們需要一套讓社會成員可以扮演的「劇碼」（repertory），也就是說，在社會想像之中，我們必須要擁有一套方式去理解我們需要的新制度與新程

---

3　比方說，可見 Mukulika Banerjee, *Why India Votes?*（London: Routledge, 2014）。

4　當然，將人民視為非菁英階級的目的式概念形構，也有其危險。在當代社會中，這種想法經常被所謂的「民粹主義」（populism）挾持，給予「人民」一套排他的民族、文化，甚至是種族定義，構成了我在上一節中所列舉出，當代民主的三項重要議題之一。

序，否則無法轉型成功。如果現有的「劇碼」離實際需要太遠，便會失敗，如阿富汗即為一例。從傳統的支爾格大會到總統制，其間差距極大，絕非一蹴可及。

　　總地來說，相關條件可以分為四個方面。我們必須（1）理解到自己構成了集體能動性的一部分，（2）理解此一能動性主體所做的決定，乃是通過制度／程序而生效。另外，關於身為民主國家一分子的自我認知，還有兩個更重要的要求：我們需要（3）對非毀滅性衝突的模式有共識，以及（4）民主國家都是現代國家，有權力與使命用國家力量來改變社會。此種在規畫之下的改變方向，常冠上「發展」之名。若轉型無法成功，多半是因為這與整體社會國家的既有「劇碼」相去太遠。我們通常使用「失敗國家」（failed state）一詞來形容未達以上要求的社會。

　　1917年俄國轉型失敗的主因為（1）。當時的農民都大致能理解自治，但規模僅及於「米爾」（mir），也就是村子的層級。俄國沒有在地的全體人民自治機構，因此，這個角色就得由積極的菁英來扮演，比如布爾什維克。要滿足條件（1）並不容易，所以時常得要「發明」（invent）民族。比較美國革命與法國大革

命後的局勢,則可以更明白條件(2)。以美國的例子來說,經選舉而產生的議會讓當時的美國具備實質的政府運作經驗,使得「人民統治」的意義明確易懂。在廢除皇家總督後,這份經驗延續下去,成為新政體的聯邦基礎。

至於法國,就沒有如此明確的對應形式。雖然議會經過選舉產生,但運作上仍難免有篡奪人民權力的嫌疑。因此,一旦捨棄了三級會議(États généraux)的形式,就失去了理所當然、受眾人同意的替代機構。於是,關於應當如何組織政府的意見開始角力,而盧梭的普遍意志(volonté générale)在其中扮演著重要角色。相較起來,法國有人民起義的傳統(如攻占巴士底監獄),但這種行動並不是在主張主權,其意涵有待重新詮釋。[5]

不過,最為關鍵的是條件(3),衝突的場所。沒有衝突的民主國,是盧梭《社會契約論》的夢想。普遍意志是如此理所當然,只要一人提議,眾人便立即

---

5　見拙作 *Modern Social Imaginaries*(Durham: Duke University Press, 2004)。

同意。但這根本是一個負面意義的烏托邦，因為這種期望蘊含著集權主義的危險。在真正的民主國中，任何類型的議題都會引發衝突。前面提過，一個不斷重新出現的關鍵議題，就是因「如何實現民主本身」而產生的衝突。由於民主會持續偏離設想中的理想狀態，往不同形式的菁英統治靠攏，可見「人民」的雙重意義仍包含在這目的式概念形構中。無論是緊張關係、衝突還是階級戰爭，都對民主至為關鍵。何以如此？因為只有菁英階級的地位不容挑戰時，才會沒有任何衝突，或是僅就微不足道的小事而爭執。

因此，在許多最具活力的民主社會中（以公民效能感來衡量），還是存在著菁英與人民立場極化的情況，並不令人意外。這也正是適於動員人民的環境，在美國和加拿大就是農民勞工，在歐洲就是階級動員。

不過，衝突本身並不會帶來益處，必須透過有序、和平的制度來緩和與引導，例如議會、民選官員、法治、獨立司法機構，或是溫和的政治文化。這些制度都需要強烈的共同身分認同感來支持，通常以民族情感為源頭。這樣一來，我們又回到了條件（1）。要達到這種衝突與團結的矛盾混合，並非易

事，對許多人來說甚至難以理解。然而，這種矛盾組
合的出現其實早於民主，可上溯到代議政府早期階段
中，「國王陛下忠誠的反對黨」（His Majesty's loyal
opposition）這個英式觀念。不過，對十八世紀的歐
洲其他國家來說，這是個有點匪夷所思的觀念。6

## （五）西方國家情況

這樣來說，保持共和國長壽與穩固的藥方是很複
雜的，需要強烈的愛國認同，並依據階級劃分來進行
集體動員。此外，若是討論到認同或社會想像，可以發
現，這個配方最有效的時候，就是國族認同（national
identity）和階級動員之間有內在連結的時候。

觀察二十世紀的歷史，這就是某些西方民主國家
的情況。英國的「勞工運動」意識與「自由的不列顛

---

6　今日西方民主的一個特性，似乎是缺乏能力來維持這樣的
　　文化。觀察政治光譜，尤其以右派政黨最為明顯，如美國
　　共和黨還有即將跟上的加拿大類似政黨。歐洲右派仇外政
　　黨雖然是一種相當不同的現象，但也與美加兩國的政黨一
　　樣缺乏此種能力。

人」或「自由的英國人」這種英式愛國傳統相關。大家認為，若要實現此一傳統的目標或理想，就得要實現勞工運動的目標，從而使勞工意識有了一個愛國面向。不過，只要想想愛國主義膨脹成對外侵略主義的事例，顯然這種連結不見得是什麼好事。但我現在不是在討論理想情況，我談的是一個真實的歷史現象。

在法國，也有著與英國相似的情形，共產黨認同與共和國認同有著內在的連結。大家認為，實現共產主義，就是發揚法蘭西共和國的價值與希望。因此，研究法國大革命的馬克思主義史家，常採用一種令人難以置信的正面筆觸來描寫這段歷史。不過，這種觀念不僅流行於學院派歷史學者，也存在於法國共產黨的基本訴求之中。法國勞動階級愛國主義的一項負面影響，也出現在阿爾及利亞戰爭之中。

階級運動與共和國的內在連結——將運動目標（比方說共產主義）等同於共和國正確形式的想法——隱然有支持人民主權（popular sovereignty）理想的意味。事實上，這反映的是我之前提到的「目的式」概念形構，並蘊含以下主張：我們的方案，才是人民真正得以施行統治的形式。這種類似假設也隱然存在於

英國勞工運動中。我們可以說，這是一個「複雜的目的式身分認同」（complex telic identity），連結了階級（或是非菁英）與國家。

## （六）公民效能感模型

在這種認同複雜的社會裡，有一個典型的公民效能感模型。不過這個模型也存在於其他類型的社會之中。在可稱為「純粹理想型」（ideal type）的情況中，兩大黨或各個政黨的劃分，依據的不是單一議題，而是不同議題的結合（package），如重分配、福利國家、工會權利、平等、稅收等。以左派政黨而言，這特別牽涉到與黨有關的各種不同類型社會運動，如工會、合作社及青年團體等。這些運動幾乎牽涉到半個社會，有時又對應到右派政黨。

當然，左右雙方都有自己的民主藍圖。左派認為在實現民主上還需要更多努力，如法國社會主義者就認為他們為法國提出了非常重要的規畫。右派則認為，現在正面臨的是民主倒退的危機。此外，既然民主是國家認同的一部分，有兩項定義牽涉到這份認同。右

派所提倡的激進定義屬於非民主路線，例如，依循法蘭西行動（*L'Action française*）及其創辦人夏爾‧莫哈斯（Charles Maurras）路線的法國保皇派人士。

以上是英國與法國情況的說明。另外還有兩種政黨體制，雖然有時也會引發左右立場極化，但不久之後又可擺脫意識形態，回歸中間路線。某段時期的美國與加拿大，都曾在自由與保守兩種立場之間擺盪。只可惜，這忽視了中間偏右（且幾近滅絕的）紅托利黨人（Red Tories），更不用說中間偏左的新民主黨（New Democratic Party）了。

在許多社會中，成員並沒有此種複雜的目的式身分認同。於是這種社會缺乏不同議題的結合，而是隨不同政策方針而有立場極化的情形。只要想到歐巴馬在2008年總統選戰時，以實現「更完美的聯邦」（a more perfection union）作為選戰主軸，就可以清楚看出，目的式理解並未完全絕跡於美國。

不過，來看看公民效能感的議題，也就是公民「感受」到的效能，會發現這是先進民主國家的阿基里斯腱。此處討論的公民效能感模型，牽涉範圍很廣，存在於英、法，以及其他許多隨政策方針而極化

的社會裡。範圍廣泛的意思是說，我希望能對自己社會的整體治理有所貢獻或影響。這針對的不僅是某特定議題的決策，也涉及議題的定義、優先順序，以及不同議題之間的關連。在這個架構下，選擇一個有執政抱負的政黨來作為實現我選擇的工具，或是與其他人結成政治聯盟，是很合理的作法。如果都行不通，也可以加入如美國全國有色人種協進會（National Association for the Advancement of Colored People, NAACP）這種大型組織。

　　但今日，脫穎而出的似乎是另一個模型。新模型拋棄了廣泛路線，偏向短期、有明確目標的行動。有效能感的公民能夠捍衛自己或是特定某類人的權利，促進自己所珍視的價值。此時公民採用的工具，會是司法、法律、法院訴訟或其他審判機構，有的人則會選擇單一議題遊說的形式，比如以環境保護為宗旨的美國山巒俱樂部（Sierra Club）。

　　在這第二個模型裡，投票的重要性顯然是低了許多。當然，如果我極為在意某特定議題，又有政黨立場與我一致，那我八成會投票給他們。但實際上，有許多考量是彼此牴觸的。或許我不是那麼相信這個政

黨會兌現承諾（如美國共和黨雖然答應反對同性婚姻
與墮胎，但許多右翼基督徒仍有疑慮，而他們的懷疑
並非沒有道理），也可能我不是特別贊同該政黨對其
他許多議題的立場。跟第一個模型一樣，只要我支持
的政黨有在運作，投票這件事並不是那麼重要。

　　看來，在許多西方民主國家中，大家默默認同的
效能感模型，已經在過去數十年間由第一種轉變為第
二種。這狀況首先發生在美國，但其他大西洋鄰近社
會似乎也跟著慢慢踏上了這條路。這個轉向有時可
以用世代行為差異來衡量。羅伯特‧普特南（Robert
Putnam）指出，年長者仍保有良好的投票習慣，頻率
與過去相近，而整體投票參與下降，是因為後來的世
代越來越少投票。這不是一個生命週期的問題，因為
年長世代的投票頻率（明顯地）沒有比之前低，但年
輕人老了之後也不會更常去投票，這是一個世代轉變
的問題。7

---

7　Robert D. Putnam, *Bowling Alone: The Collapse and Revival
　of American Community*（New York: Simon & Schuster,
　2000）, ch. 14.

第一個模型的優勢在於，這讓非菁英階級可以擁有國家認同，並因此獲得公民效能感。產生國家認同與公民效能感的機制，十分簡單明瞭：我投給社會黨，他們就會帶來改變，以我認同的方式來處理各個議題。這就是所謂的聚束機制（bunching mechanism），不同議題各自往左或右靠攏。

## （七）西方民主轉型

由第一個模型轉變為第二個模型的原因有很多。首先，溫和的階級鬥爭逐漸失效，或至少是逐漸分化，而這也有許多原因。其中之一，是在舊有極化對立中地位邊緣的議題逐漸浮上檯面，特別是由女權運動者、環保人士、多元文化捍衛者、同志權益倡議人士提出的議題，這是很好的一個轉向。

隨後，發展繁榮讓人不再有階級凝聚感。新興文化在某些方面更趨向個人主義，可分為兩個面向，兩者有時亦可共同發揮影響。其一為消費主義，另一則是本真性倫理（ethic of authenticity）以及其對身分認同的關懷。如此一來，各議題逐漸分散，政黨體制也

可能因為這些變化而轉型，綠黨的興起即為一例。過
去的議題組合逐漸鬆動，與生活形態相關的議題組合
則逐漸受到重視。

　　不過，模型之所以有改變發生，部分是因為我們
對第一個模型失去了信心。舊有的公民效能感失去意
義，傳統的左右勢力也不再團結，我們再也沒有明
確、有效的政治途徑來達成目標。新世代投票率下
降，使選舉參與度隨之下降。年輕世代失去投票意
願，部分是因為冷漠、對政黨沒有認同感，部分則是
因為效能感低落而引發的絕望。這份絕望感會越來越
沉重，因為放棄投票將使體制趨向既得特權，並維持
現狀。至於認同既得利益者的人，則沒有嚴重的投票
率下降問題：

- 有錢人比窮人更常投票
- 受教育者比未受教育者更常投票
- 有穩定收入、住房者比生活拮据者更常投票
- 年長者比年輕人更常投票
- 主流群體成員比少數群體成員更常投票（再次
  注意與印度的差別）

　　在官僚、特殊利益和菁英面前，一股無力感油然而生，經濟全球化的趨勢更加深了此種感受。近年來，我們的生活被金融勢力摧殘殆盡。這一切都讓人覺得，如果我們還有什麼可以倚靠的事物，那也絕不是選票，而（或許）是針對特殊議題的動員。

　　一連串的惡性循環就在眼前。效能低落的感受降低了實際上的效能，而這又回頭強化了效能低落感。比方說，效能低落引發的絕望感，使人放棄投票、降低公民參與，卻導致金錢力量在政治中的崛起。如政治人物即十分仰賴昂貴的電視曝光，因為沒有草根組織可以為他們動員。當社會分化，又缺乏動員時，我們會更需要媒體。但強大的金錢力量在經過媒體壟斷後，整個過程更加不透明。在客觀角度上，這一切都使公民行動的效能感更低，進而加深絕望感，最後是整個惡性循環的周而復始。接下來，貧富鴻溝加劇，中產階級萎縮，[8]穩定的工作機會越來越少，眼下也沒有機制能逆轉此一情勢。

---

8　見Thomas Piketty, *Le Capital au XXIe siècle*（Paris: Seuil, 2013）, ch. 8, ch. 9。

　　平等公民權（equal citizenship）在一定程度上和自我認知有關，但隨著集體行動經驗，甚至是與他人當面互動的經驗都越來越貧乏，平等公民權也逐漸失去意義。貧民窟的居民和高級社區的居民很難將彼此想像成一同參與民主行動的伙伴。[9] 平等公民權這個理想的力量，接著又因為質疑同胞資格的意識形態而偏離方向。成功者和富人開始相信47%的人 [10] 根本不配跟他們一樣享有完整的公民權，右翼政黨因此想方設法阻撓他們去投票（如美國共和黨、加拿大保守黨）。這種趨勢不斷自我強化。我們所處的時代是個民主倒退、目的衰微的時代，更糟的是，我們似乎不知道該如何扭轉頹勢，只能眼睜睜看著情況惡化。

---

9　關於美國休閒活動中，「空中包廂化」（skyboxification）這種妨害公民透過運動賽事培養情感與認同的現象，見 Michael Sandel, *What Money Can't Buy: The Moral Limits of Markets*（New York: Farrar, Straus and Giroux, 2012）。

10　我指的是2012年美國總統大選時，密特·羅姆尼（Mitt Romney）失言釀成的大災難。他批評47%的美國人依賴政府，不肯為自己的生活負起責任。

# （八）阻止民主衰退

　　我們該如何阻止情況惡化？目前已經出現過幾次大規模動員行動，例如占領華爾街（Occupy Wall Street）、西班牙憤怒者運動（*Indignados*）與反對教育商品化的魁北克楓之春（*le Printemps érable*）。不過，這些運動本身都無法訂出足以阻止生活條件不平等加劇的措施。我們必須對政府政策造成劇烈改變，才有可能達到這個目標，而這又得透過政治動員催票才有可能發生。

　　不過，今日的動員活動多半不信任政黨政治和選舉，寧願與之保持距離。民主衰退的強烈感受，讓他們在運動過程中更頻繁地提升並強化民主控制，也因此產生了一些寶貴的成果，例如，可用於自治的創新方法與形式。不過，政治與經濟結構大致上還是掌握在同一批人手中。

　　我們必須將平等公民權作為核心價值來進行動員。分配平等或機會平等只牽涉到個人擁有什麼或能獲得什麼，但平等公民權的意涵，遠遠不只如此而

已，這牽涉到我們對彼此相對立足點的認知。皮耶・霍桑瓦隆（Pierre Rosanvallon）指出，以下觀念對民主而言非常重要：我們是地位平等的伙伴，共同參與一項計畫。這個集體行動背後的「我們」，是平等的我們。我們不是軍事、家庭單位，也不是封建體制，沒有上下從屬，沒有長幼之別。我們是平等的，這一點必須存在於我們的社會想像之中。[11]

因此，我們必須珍視這種平等，以此作為團結的基礎。畢竟，持有一樣的護照是不夠的。平等公民權需要兼容並蓄的態度，而不願嘗試或拒絕接納外來者的階級思維，不利於培養包容的態度。右翼排外民粹主義高張，會使情況惡化，美國茶黨運動的興起正是一個例子。不過，反菁英的種族主義式民粹主義，也同樣會產生威脅，如法國民族陣線的瑪蘅・勒朋（Marine Le Pen）、荷蘭自由黨領袖海爾特・威爾德斯（Geert Wilders）及魁北克人黨的寶琳・馬華（Pauline Marois）。鑑於當前的難民危機，這種趨勢

---

11 Pierre Rosanvallon, *Pour une Histoire Conceptuelle du Politique*, Part I, ch. 3; part V, ch. 5.

對歐洲而言是個格外嚴重的問題。

關於平等公民權，向來有一個虛幻的面向，不過，有些幻象會自我實現，促使我們將之（至少在部分上）化為真實。但由於現存差異越來越大，幻象已無法反映現實，甚至是與現實相反。當意識形態開始發揮作用後，無法享受平等公民權的成員完全被忽視，此時大家再也看不見幻象與現實之間的鴻溝。一旦虛假的道德教化開始風行，我們甚至無法設想平等公民權。

目前的發展呈現了一種全面的頹勢。金錢力量及貧富差距都具體化為現實，不斷自我強化、鞏固。民主的意涵越來越空洞、難以想像，促成犬儒主義的興起與公民身分的放棄。民主衰退的社會，就是高級社區和貧民窟對立的社會、公共領域破碎的社會。力挽狂瀾，扭轉頹勢是我們的當務之急。

## （九）我們面臨的挑戰

這是一項艱難的任務。如何因應？這個問題我留待之後討論（可惜這不表示我有什麼妙計，藏私不

說）。不過，我之前已經試著說明，「民主終將勝利」
這種輝格式樂觀態度，是個很有問題的期待。畢竟，
民主不一定能突破既有限制、發揚光大，即使是歷史
悠久的民主國家，都有民主倒退的可能。歐美國家雖
然是歷史上的核心民主地區，但卻有一股驚人的民主
倒退勢力正在崛起。

今日的民主有三項艱鉅的挑戰要面對：

1. 人民的絕望感
2. 文化或種族上的排外
3. 在全球暖化、確保充分就業（但同時經濟成長
   不至於失控），以及其他重大國際問題上，民
   主行動無法發揮影響力。

這場演講談的是如何因應第一項挑戰。不過，由
於人民的絕望感難以消除，使得我們更難處理另外兩
項挑戰，特別是第三項。有一股強大的阻力在妨礙我
們扭轉不平等趨勢，以及解決氣候變遷方面的問題，
因此，我們必須找出國際民主行動的新途徑，但這是
一項艱難的任務。

# 如何理解
# 世俗主義

# （一）「世俗」觀念的形成

在這場演講中，我主要想談的是西方國家裡的世俗主義。以一場在亞洲發表的演講來說，或許是個奇怪的題目，但我認為這是一個不可迴避的主題。雖然我們將全世界各個組織與社會冠以「世俗」（secular）之名，但我們其實無法確定是否談的都是同一回事。西方人不假思索地用「世俗」來形容其他文明，但在真正了解其他文明中有什麼平行發展前，我們得先明白這個詞彙在最初的西方語境下意義為何，才能清楚理解其間差異。

在我們所處的世界中，各個社會與文明裡的想法、制度、藝術風格、生產與生活準則，都和其歷史根源及傳統形式有了很大的差異。議會民主始於英國，隨後亦往外傳播、實現於其他地區（如印度）。非暴力公民不服從，則由印度獨立運動開始，傳揚到世界各地，應用在不同的情境中，如馬丁・路德・金恩博士（Martin Luther King）的民權運動、1983年抗議菲律賓總統馬可仕的公民抗爭，以及近年來在烏克

蘭的橙色革命、伊拉克的紫色革命。

　　但這些理念與形式不是一成不變的，在每次運動中，都會經過修改、重新詮釋，並獲得新的意義。因此，要跟上並理解這些轉變，難免是一項令人迷惘、困惑的工作。一絲不苟地看待字彙本身，是造成混淆的原因之一。要知道，即使名稱相同，背後的真實情況通常還是會有差異。

　　「世俗」一詞就是一個清楚的例子。我們以為「世俗化」可以發生在任何地方，過程也完全相同（而且，根據某些人的看法，**的確**正發生於世界各地）。我們還以為，無論各國實際上是否屬於世俗政權，這都還是一個可能選項。當然，這些「詞語」隨處可見，但每次重述時，這些詞的意義都能保持不變嗎？其間是否仍有細微的差異，使得我們難以進行相關的跨文化討論？

　　我認為，差異的確存在，也確實干擾了我們的認知，讓人不是落入雞同鴨講的窘境，就是對明顯的差異視而不見，以至於想要描述真實情況時，得出天差地遠的結論。舉例來說，有人主張，既然「世俗」在基督教文化中是一個歷史悠久的概念，而伊斯蘭文化

裡又似乎沒有與之相應的想法，**因此**，我們可以確定
世俗政權無法在伊斯蘭社會中運行。當然，伊斯蘭社
會裡若是有相近的體制，顯然會與基督教世界裡的體
制不同。但是，這個概念或許可以跨越界線，以一種
創新的想像形式存在，不限於一時一地。

　　現在，我們來看看宗教改革前，羅馬天主教世界
所發展出的「世俗」範疇（category）特點。起先，
這個詞彙與另一個詞彙緊密相連，構成了一個二元詞
組（dyad）。「世俗」與「世紀」（century）相關，
也就是說和塵世（profane）的時間有關，與永恆、
神聖的時間形成對比。[1]以時間、地點、人物、組織與
行動來說，我們認為其中某些會與神聖、崇高的時
間密切相關，其餘則僅與塵世時間有關。「屬靈／世
間」（spiritual/temporal）這詞組的對照，正是因此而
來──比如稱國家為教會的「世間武力」（temporal
arm）。一般的教區教士是「入世」教士（secular
priests），因為他們在世間服務，至於在修道院裡的，

---

1　塵世時間與神聖時間的討論，參見拙作 *A Secular Age*
　　（Cambridge: Harvard University Press, 2007）, pp. 54-61。

則是遵守修會戒律的「出世」教士（regular priests）。

　　因此，在宗教改革之後，「世俗化」的意思很清楚，就是特定職務、財產與組織不再由教會控制，轉交於世俗之人手中。這些變化最初發生在前述的重要二元詞組系統中，可以說，不過是在現有系統中，將事物由一處移往另一處而已。這種「世俗」概念的安排方式，能讓世俗化過程不那麼戲劇化，好像只是在相同空間裡重新擺設家具而已，但仍保留了該空間的既有特性。

　　但是從十七世紀起，慢慢出現了一種新的可能——大家逐漸認為社會生活完全是「世俗化」的。既然「世俗」一詞本來指的是塵世、一般的時間，並且對比於位階更高的時間，那麼我們自此就得試著，在理解塵世時間時，完全不考慮位階更高的時間。雖然我們可以繼續使用這個詞彙，意涵卻有了深刻的改變，因為其對應詞彙已有了根本上的變化。舊有的對照關係裡，「屬靈」（spiritual）的組織仍有其位置，對應於屬世的面向。然而，在新的意義底下，所有標舉超越此世的主張及利益，都是與世俗對立的。不用說，只要用這種意義來想像「世俗」世界，任何人都

會認為，「屬靈」的主張終極而言是沒有根據的。除非這些主張不會對世俗權力或人類福祉構成挑戰，否則沒有容忍的必要。不過，由於許多人仍舊相信超驗事物，教會有必要繼續在社會秩序裡占有一席之地。教會可以以其特有的方式對社會運作發揮影響，但僅限於和平、繁榮、成長、興旺等合乎「此世」的目標與價值。

此一轉移牽涉到兩項重要改變：首先，這為社會與政治的良善秩序帶來了新的概念形構。無論是良善生活傳統倫理，還是當個完美的基督徒（成聖），這些想法都不再重要。這是一個新的、後格勞秀斯式（post-Grotian）的觀念：社會由個人組成、治理，以滿足他們在安全與生活方面的需求。如此一來，「互惠互利」這個良善社會的標準，不僅明確屬於此世，也與傳統意義下的「德行」毫不相干。

明確的「塵世」標準，是在一個廣泛的區別中成形的，後者將「此世」（經驗）與超驗事物區別開來。這種截然區分，本身就是羅馬天主教內部產出的產物，也構成西方人的部分視角。即使歷史上沒有任何其他人類文化裡出現過如此斷然、硬性的區別，

我們仍傾向將這種眼光普遍投射到所有事物上。真正
普遍存於人類文化中的區別，似乎是介於更高的存在
（靈魂）、國度，以及我們日常所處世界之間。如果這
兩個領域有明確區別，那麼位階較低的世界自身就是
一個完全可為人所理解的系統。不過，更多時候，各
個階層其實是貫通、互蘊的。一旦排除高階秩序，也
就無法理解低階世界。用哲學領域的例子來說，對柏
拉圖而言，我們周遭事物的存在與發展，只能透過其
相應的理型（Idea）來理解，而理型所在之處，超越
時間。將經驗範圍和超驗秩序斷然區分，是羅馬天主
教傳統的一項發明（姑且不論好壞）。

　　我前面談的，對世俗性的新理解，就是建立在
這樣的區分之上。這種區分的影響，是主張「低階」
（經驗或世俗的）秩序才是真正的秩序，更高的超驗
秩序只是人類發明出來的而已。顯然，各個階層的明
確區別一旦發明完成，經驗世界就有了發表自己「獨
立宣言」的舞台。

　　起初，以經驗世界為名發起的獨立主張有其限
制，也並不完全。自然神論（Deist）風行於十八世
紀，根據其觀點，神是經驗界秩序的創造者。既然神

是造物者，自然秩序就是其存在的證據，何況，既然互利互惠的人類秩序是神設計並讚許的，那麼建立這種秩序就是在遵從神的意志。此外，這種論點仍然承認神透過彼世的賞罰來執行其律法。如此一來，宗教或信仰就成了良善秩序的必要條件。因此，洛克（John Locke）不但不會寬容天主教徒，也不會願意寬容無神論者。這是神與良善秩序間的正面關係，只不過，宗教也有其負面影響。宗教權威可能會與世俗統治者形成競爭關係，對信徒的要求可能會超過，甚至是違反良善秩序的要求，或是提出非理性的要求。因此還得去除社會中的迷信、盲信與宗教狂熱。

　　十八世紀的「開明」統治者，比如說腓特烈大帝和約瑟夫二世，試圖將宗教組織「理性化」，在態度上將天主教會視為國家的一個部門。這是西方世界早期世俗化階段的作法。美國立國時採取的方式則相當不同，將教會和國家完全區分開來。不過，「世俗性」首度對其自給自足的地位做出明確主張，則是在法國大革命的重大歷史時刻中。

　　充滿爭議的世俗性主張，重回到第三共和。在當時，「世俗性」（laïcité）的基礎建立在其自給自足地

位，以及排除宗教的想法之上。不需多言，此一精神當然持續發揚於當代法國，穆斯林頭巾禁令的相關辯論即為一例。根據此種世俗精神，任何宗教意涵都不得出現在公民進行互動的公共空間中。

因此，「世俗性」一詞在西方的歷史中複雜且意義分歧。起初，這是二元詞組中的一部分，區分兩個不同的存在面向，以其各自獨有的時間類型來分辨兩者。然而，在經驗與超驗這明確區分的基礎之上，又發展出了另一個二元性，此時「世俗」指的是與自給自足的經驗界相關的事物，對比於和超驗領域（通常等同於「宗教」）相關的事物。這個二元性又可以進一步變化，透過對超驗的拒絕，轉變為新的二元性：其中一部分指的是真實（「世俗」），另一半則只是人類的發明（「宗教」）；或者說，「世俗」組織是生活於「此世」的我們所真正需要的，但「宗教」、「教會」組織可有可無，甚至還頻頻干擾到此世生活的常軌。

經過了雙重演變後，這個二元性本身歷經了深層的轉變。在第一個例子中，兩者在生活與社會中都是真實且不可或缺的面向。所以說，這個二元性的兩個詞語就如同「上下」、「左右」一般有著內在意義關

連，無法獨立存在。不過，此二元性在歷經演變之後，其內在連結轉為外在意義，使得世俗與宗教成為「真假」、「必要與多餘」之別。保留其一，廢除另一半，是常見的政策目標。

　　後自然神論的世俗主義形式，在某些方面調整了前述的自然神論世俗主義形式。根據法國大革命時期雅各賓派（Jacobin）的見解，創世主就是大自然，因此，我們應有的「虔誠」態度就是一種以自然為基礎的人文主義意識形態。如此一來，任何形式的「公共」宗教都是無法接受的，信仰必須貶入私人領域。循相同觀點，我們需要一套清楚的獨立道德（*morale indépendante*）、一種自給自足的社會道德，無關乎任何超驗事物。接下來，這項要求鼓勵了一種想法，就是「單在理性」（reason alone, *die blosse Vernunft*）確實存在；這種理性不需要任何由神聖啟示給予的額外前提，或任何其他號稱具有超驗性的根源。這類主張的不同形式，經常重新出現在當代西方的世俗主義相關討論之中。[2]

---

2　參見以下第三講〈單在理性〉的討論。

　　在過去幾個世紀的諸多相關討論中，自然神論的世俗主義模式幫助西方世界定義了「好的」、「可接受的」宗教。好的、合宜的宗教是一套信念，寄託於神或其他超驗力量，而其倫理道德必須要能為人所接受，或者說，是合乎「理性」的（rational）。這種宗教的所有要素，都有利於此種倫理道德的發展，也因此完全沒有「迷信」的成分。當然，這樣的宗教也站在盲信與宗教狂熱的對立面，畢竟後者在定義上，就牽涉到宗教權威對「單在理性」代表的正確社會秩序的挑戰。[3]

　　若能發揮灌輸正確原則的功能，宗教有助於維護社會秩序。不過，我們要小心不要讓宗教挑戰社會秩序，反倒成為一個威脅。正因如此，雖然洛克願意容忍諸多不同宗教觀點，但他的善意在無神論者和天主教徒前止步，因為前者對來生沒有信仰，所以沒有意願信守諾言、尊重良善秩序，至於後者則一定會對既有秩序形成挑戰。

---

3　關於道德秩序的現代觀念，在拙作 *Modern Social Imaginaries*（Durham: Duke University Press, 2004）中有更全面的討論。

　　良好宗教兼有正、負面的重要影響，都作用於「內在領域」（*in foro interno*）：一方面，這促進正確的道德動機，另一方面，由於一切都存於主體的思想與心靈之中，於是不會去挑戰外在秩序。因此，只有能夠發揮讚揚公共秩序，或是激起內在道德動機的作用時，公開儀式才能成為這種「理性」宗教的重要元素。

　　包含「世俗」與「宗教」在內的這一組詞彙，在「經驗」、「超越」或「公」、「私」劃分方面，有許多模糊之處與深層假設，但不妨礙其風行。可想而知，這引發了許多困惑。西方人自己也時常不清楚自己的歷史。將教會與國家的分離，以及將宗教劃入「私」領域，使之無法干涉公共生活這兩點，視為之前區分了世俗與神聖（世間與永恆）的後果，這不失為一種了解西方世俗主義發展的方法。回顧起來，這種區別簡直可以說是一個令人極為滿意的解決方式，成功把宗教排擠到政治生活的邊緣。

　　不過，因為這些階段沒有明確的劃分，使得美國的世俗主義者完全無法分辨「教會與國家」的分離及「宗教與國家」的分離——羅爾斯（John Rawls）一度想

徹底禁止公共論述裡的「全面性觀點」（comprehensive views），包括宗教觀點。此外，這整件事激起了許多種族中心式意見，堪稱災難。如果前面描述的三階段歷史——區別教會與國家、進而將兩者分離，最終將宗教邊緣化並推出國家與公共生活的範圍——才是理想世俗政體得以發展的典型背景，那麼伊斯蘭社會顯然永遠不可能走上世俗化的道路。

同樣地，我們常聽到中國帝制社會早已「世俗化」的這種主張。然而，這完全忽略了西方概念中「經驗／超驗」的分裂有多麼重要，但傳統中國裡卻沒有堪可比擬的情形。「世俗」一詞的繁多用法產生了某些問題，印度著名社會思想家阿希斯・南迪（Ashis Nandy）對此進行了相關討論，並舉出這種類比用於印度時常見的混淆（比方說，將阿育王比作一位「世俗」君王，或是說蒙兀兒帝國的阿克巴皇帝建立了一種「世俗」的統治形式）。不過，這類主張縱然有誤，也多少有其智慧。事實上，南迪區分了兩種相當不同的概念，且兩者都有意無意地影響了相關主題在印度的討論。首先，這個詞彙帶有「科學理性」的意味，世俗主義幾乎等同於現代性。其次，則是根源於印度

本地傳統的各種「兼容並蓄」（accommodative）式意涵。前者試圖讓公共生活擺脫宗教，後者則偏向開拓空間，「讓各宗教傳統之間，以及宗教傳統與世俗傳統間都得以持續不斷對話」。[4]

如此一來，把阿克巴皇帝的統治劃為「世俗」統治的作法，在重新定義世俗一詞時其實很有創意與效果。這類重新定義起自於當代社會必須解決的各個問題，通常會將世俗性設想為一種努力，試圖找到能夠讓不同宗教社群共存，兼顧公平與和諧的模式，並且讓由西方歷史中演進出的「世俗」意涵悄悄退場。考慮一下實際情況就會知道，許多不同宗教傳統都發展出了讓各方懷著善意、和平共存的方法，這不是現代西方的獨到之處，也不必然只能從讓「現實」專屬於世俗性的二元性觀點中發展出來。[5]

---

4　Ashis Nandy, "The Politics of Secularism and the Recovery of Religious Tolerance," in *Time Warps* (Piscataway: Rutgers University Press, 2002), ch. 3, esp. pp. 68-9 and 80.

5　Nandy, op. cit., 85. 關於阿育王的統治，阿馬蒂亞・沈恩（Amartya Sen）也利用了相似的一點，來建立印度歷史中某些世俗主義模式的基礎。見 *The Argumentative Indian:*

## （二）宗教與社會

　　大家（特別是在西方國家）普遍認為現代民主國家應該要是「世俗」國家。我們之前提過，這個詞帶有一些種族中心主義的意味。不過，即使是在西方脈絡下，「世俗」到底是什麼意思？也實在不是很清楚。我想，在今天，至少有西方國家以外的兩個模型可以說明什麼是世俗政體。在這兩個模型中，教會與國家都有一定程度的分離。國家不能與特定宗教有正式關連，只能有殘餘與象徵的意義，比如英國或斯堪地那維亞的情況。但世俗主義的要求更多。社會中的多元主義需要在一定程度上保持中立，或者說，用印度政治理論家巴爾伽瓦（Rajeev Bhargava）的用語，是保持一種「有原則的距離」（principled distance）。[6]

---

*Writings on Indian Culture, History and Identity*（New York: Farrar, Straus and Giroux, 2005）。這種有創見的重新界定，範例可見Rajeev Bhargava，參考下節之討論。

[6]　Rajeev Bhargava, "What Is Secularism For?" in *Secularism and Its Critics*, ed. Rajeev Bhargava（Delhi: Oxford University

　　進一步探討，世俗主義實際上牽涉到一組複雜的
要求，所欲達到的目標也不只一項。我們可以找出三
項，分列於法國大革命口號「自由」、「平等」、「博
愛」之下：（1）不可以強迫任何人進入宗教領域，
或是信服於某種基本信念（basic belief）。這通常
定義為宗教自由，而其中當然也包括了不去相信的
自由。同時，這也稱為宗教上的「自由行使」（free
exercise），如同美國憲法第一修正案中的條款。（2）
不同信仰、不同基本信念的人都擁有平等地位。沒有
任何宗教觀點或世界觀（不論有無宗教信仰）得以
享有特殊地位，更不用說由國家採納訂為官方觀點。
（3）在討論「社會」的意義（政治認同），以及如何實
現這些目標（分配權利與特權的方式）時，要傾聽與
參考各大宗教的意見。這種態度（稍加延伸後）可以
呼應到「博愛」。

---

Press, 1998），pp. 586-52（關於「有原則的距離」，見
pp. 493-4及p. 520 ）。"The Distinctiveness of Indian
Secularism" in *The Future of Secularism*, ed. T. N. Srinivasan
(Delhi: Oxford University Press, 1997), pp. 39-41.

當然，這些目標可能會互相衝突。有時候我們得要為相關利益取得平衡。此外，我認為，還可以加上第四個目標：盡其所能地讓不同宗教與世界觀的擁護者，維持彼此間的和諧與尊重（或許這才最適合稱為「博愛」或兄弟情誼，但我希望維持以上架構的簡潔，只舉出三項傳統利益）。

有時，某些版本的世俗主義會主張，該如何實現前述目標，是一個可以在永恆原則的領域中解決的問題，無須在當前社會中多加努力或是商討溝通。而這些原則的基礎，只要從理性，或是其他與宗教無關、純然世俗的觀點中就可以找到。雅各賓黨人就是遵循這個路線，早期羅爾斯也是如此。問題在於，（a）我們無法只用單在理性來判定這樣一組永恆原則的存在；這些原則在細節上至少要能應用於某特定政治制度。（b）由於各地情況差異甚大，所以即便是大家都接受的普遍原則，需要的具體實現方式都各不相同，因此，在每個情境中都需要有一定程度的努力。於是乎，（c）聽從據稱地位超然的特定權威，並遵循其原則，會違反前述目標（3）。這會讓某些宗教信仰在討論的過程中失去發聲機會，因此（d）使得我們的基本

目標之間時常遇上衝突和兩難。

關於（b），我們有一個很好的例證。近幾十年間，世俗主義的相關議題在不同西方社會中有所演進，因為這些社會中的信仰面貌已有所改變。當宗教或基礎哲學的範圍擴大時，就得調整當前的道路。比方說，當代歐洲或美國就必須做出調整，以因應穆斯林社群的大量移入。

最近法國立法禁止在學校配戴頭巾（hijab），接著又有更嚴格的法律禁止在公共場所穿罩袍（burka），這些都是與（c）相關的事件。一般來說，這種事應該要經過協商。地主國時常不得不傳達一個雙重訊息：（i）此地不得有殺害褻瀆宗教的作家、施行女性割禮之類的行為，但（ii）我們邀請你加入這個共識塑造的過程。以上兩點背道而馳，畢竟（i）會妨礙並提高（ii）的困難度，而我們更應該避免（i）的單方推動。當然，有時候就是不可能，某些基本法律還是必須遵守。不過，根據普遍原則，在恰當情況下時必須盡量將宗教團體視為對話者，而不是威脅。

如果這些宗教團體在民主自由的脈絡下進行重新定義的工作，那麼在這過程中他們也同樣會有所演

變。宗教社會學學者何塞・卡薩諾瓦（José Casanova）
指出，美國天主教在十九世紀時，曾被指責與民主風
尚格格不入。當時的狀況，就跟今天大家對伊斯蘭的
疑慮很相似。由隨後的歷史，我們看到美國天主教的
演進，以及這個過程如何為全球的天主教帶來顯著的
改變。沒什麼根本理由會阻止穆斯林社群發生相似的
演進，[7]如果這樣的變化沒有產生，十之八九是因為偏
見和作法不當。

　　現在，我認為，處理這些問題時遇到的基本困難
之一，是我們採用了錯誤的模型，但又無法擺脫錯誤
模型的影響。我們認為世俗主義是國家與宗教之間的
關係，但實際上，這牽涉到的是民主國家對「多樣
性」（diversity）的正確回應。以前述三項目標來看，
其共通點在於和以下幾點的關連：（1）無論人民選擇
或認為自身屬於何種觀點，都要在其歸屬感或實踐面

---

7　José Casanova, "Catholicism, Gender, Secularism, and
　　Democracy: Comparative Reflections" in *Islam, Gender, and
　　Democracy in Comparative Perspective*, eds. Jocelyne Cesari
　　and José Casanova（Oxford: Oxford University Press, 2017）.

加以保護。（2）平等對待人民，無論其選擇為何。（3）
傾聽每個人的聲音。不必特別將宗教觀點與非宗教、
「世俗」（在另一個廣泛使用的意義上）或無神論觀點
對立起來。

　　國家中立性的重點，正是要避免有偏厚或冷落某
一方的情況。除了宗教立場以外，任何基本（無論是
宗教還是非宗教）立場都是如此。我們不能獨厚基督
教、反對伊斯蘭，也不能擁抱宗教、排拒無信仰者，
反之亦然。

　　由以下這點可以看出，比起偏重宗教的模式，前
述三原則所建構出的世俗主義模型的優點在於，它絕
不會讓人將凱末爾建立的土耳其政體誤認為真正的世
俗政體，因為這個政體在基本原則方面所為，以及關
於國家與宗教組織之分離。

　　後期羅爾斯式世俗國家構想的價值，也由此可
見。根據他的構想，國家應該恪守人權、平等、法
治、民主等政治原則。這些都是國家的重要基礎，應
予以支持。而基本觀點——羅爾斯稱為「善的全面性
觀點」（comprehensive views of the good）——極為
不同的人，同樣可以接受這種政治倫理，真實情況中

也確有此例。康德主義者會用理性行動者（rational agency）的尊嚴來證成生命權與自由權。效用主義者會說，在對待能體驗愉快和苦痛的存有時，必須將愉快極大化、苦痛極小化。基督徒會說，人類是上帝依其形象所創造的。雖然各方都同意前面提到的政治原則，但是此種倫理觀背後的根本理由卻各不相同。國家應該堅守此種倫理，但也必須小心，不要獨厚任何一種根本理由。

## （三）美國與法國兩模式

世俗主義之所以特別針對宗教，源自於世俗主義在西方形成的歷史（當然其名稱也是原因之一）。簡言之，這種政體的建立，有兩個奠基性的脈絡，也就是美國與法國。

在美國的例子中，所有的全面性觀點或深層理由，起初都是基督教（新教）往自然神論方向發展的各種變化形式。隨後的發展讓這一系列觀點的範圍超越了基督教，之後更是不僅限於宗教。但是，國家應保持中立立場的主張，起初都是以宗教為出發點。因

此，憲法第一修正案規定：國會不得立法建立國教或妨礙宗教信仰自由。

　　早期美國公共生活中並未出現「世俗主義」一詞，但這表示，當時仍有一個基本問題尚待面對。第一修正案與教會和國家的分離有關，使得「宗教」可能獲得的地位，達到今日無人能接受的程度。因此，在1830年代，最高法院的法官可以主張，雖然第一修正案禁止聯邦政府獨尊特定教會，但既然所有教會都屬於基督教（事實上是新教），那麼詮釋法律時，當然可以援引基督教教義原則。對約瑟夫・斯托里（Joseph Story）法官來說，第一修正案的目標是「排除基督教內部各派別的競爭關係」，但「基督教本身應該要受到國家的鼓勵」。基督教信仰對國家非常重要，因為相信「有賞罰的未來國度」對「司法體系而言是不可或缺的」。此外，「對相信基督教真理是神聖啟示的人來說，根本不可能懷疑，國家是否有特殊責任去促進與鼓勵公民的基督教信仰」，這是理所當然的。[8]

---

8　Andrew Koppelman 與作者通信中所指出。

　　基督教的優越地位一直延續下去，甚至持續到十九世紀。1890年，在當時四十二州中，有三十七州在憲法序言或正文裡承認神的權威。1892年的最高法院判決一致同意，若是想「透過法律、商業、風俗和社會來描述美國生活，就可發現所有線索都指向同一事實……就是這是一個基督教國家」（*Church of the Holy Trinity v. United States*, 143 U.S. 457 at 471）。

　　十九世紀下半葉，開始有人抵抗這種概念，但是1863年創立的國家改革協會（National Reform Association）卻追求以下目標：

> 本協會宗旨為維護美國政府中既有的基督教特色……爭取通過美國憲法修正案，以宣誓國家效忠耶穌基督，接受基督教的道德律法，並表明這是一個基督教國家，將一切基督教律法、制度，以及我國政府的相應慣例放入國家根本法中，使其擁有無可否認的法律地位。

　　1870年後開啟了一場戰爭，一方是前述局限觀點的支持者，另一方則是對其他宗教持開放態度，並且

包容無宗教立場者的人。其中不只是猶太人，還有天主教徒；後者認為國家改革協會版本的基督教將他們排斥在外，而他們的看法的確是對的。正是在這場戰爭中，「世俗主義」首度以關鍵詞彙的姿態在美國登場。不過，此時的世俗主義意涵通常是有爭議的那個版本，以無宗教或反宗教的立場為人所知。[9]

　　相對地，在法國的例子中，世俗主義出現在「對抗」強大教會的這場鬥爭裡。堅持一個外於宗教的道德基礎，對國家而言很有吸引力。法國當代政治思想家馬賽爾・戈謝（Marcel Gauchet）說明法國哲學家夏爾・何諾維葉（Charles Renouvier）如何為第三共和的激進分子打下觀點基礎，以對抗教會。為了達到這個目的，國家必須具備「道德與教育性」，「如同教會或修會般照料靈魂，但涵蓋範圍更為普遍」。道德

---

9　Christian Smith, *The Secular Revolution*（Berkeley: University of California Press, 2003）. 另見 Tisa Wenger, "Rewriting the First Amendment: Competing American Secularisms, 1850-1900." in *Public Religion, Secularism, and Democracy*, eds. Linell Cady and Elizabeth Shakman Hurd（London: Routledge Press, 2010）。

是關鍵標準。為免屈居於教會之下，國家必須具備
「一套獨立於所有宗教的道德」，並高於其他宗教，享
有「道德優越性」。自由是此種道德的基礎。為了與
宗教分庭抗禮，國家背後的道德，基礎不能只是效用
或感受而已，需要真正的「理性神學」（*théologie
rationnelle*），比方說像是康德的論述。[10] 茹‧費里
（Jules Ferry）和阿里斯蒂德‧白里安（Aristide
Briand）這兩位法國政治家，以及社會主義領導者
尚‧饒勒斯（Jean Jaurés）的智慧拯救了法國，讓法
國在政教分離法案通過的關鍵時刻（1905年）不至於
成為一個立場偏頗的國家，雖然「世俗主義」仍然僅
局限於宗教的控管。

不過，姑且不論過去，一旦將目光往前放，正視
我們當下所處的西方社會，立刻會因為社會中的多樣
性而深受衝擊。除了多元的宗教觀點與其他價值觀，
無法以此二分法歸類的思想更是百花齊放。前述理由
(1)(2)(3)都要求我們公平看待所有觀點。

---

10 Marcel Gauchet, *La Religion dans la Démocratie*（Paris:
   Gallimard, 1998）, pp. 47-50.

## （四）制度安排的拜物化

　　對宗教的這份執著十分複雜，也與另外兩個在世俗主義爭論中常見的特點緊密相連：第一點，是不以我前面提倡的幾個目標為出發點，而偏好用制度安排（institutional arrangements）來定義世俗主義的傾向。這樣一來，我們只會聽到口頭禪般的方案，像是「政教分離」或是重申將宗教由公共空間移除的必要——比方說，「共和國的空間」（*les espaces de la République*），就是法國近來相關論辯中，我們會聽到的說法。第二個特點承第一點而來，或者說，我們很容易有這種印象。如果整件事能用制度性方案來解決，那我們只要決定哪種安排最符合這個方案，也就不必多加思索了。既然只需要跟著一個大方向走，我們就不會遇上兩難，畢竟這是追求一個以上的目標時，才會遇到的困境。

　　結果，經常有人利用這些口頭禪當作終極回應，來阻止爭論，消解異議。「政教分隔之牆」（Wall of Separation）在美國成了終極標準；「世俗性」在法國

共和派狂熱者口中，則有著不容挑戰的地位。（當然，
如果參閱美國憲法第一修正案，會看到兩個目標：拒
絕建立國教，並確保宗教方面的「自由行使」。我們
不難想像兩者可能會有衝突。）

　　就我此處採取的立場來看，這種作為已經對制
度安排到達拜物化（fetishization）的程度了。畢竟
我們應該以目標為出發點，再依此找出相應的具體措
施。當然，關於教會與國家的分離，我並不是要主張
這種劃分不重要。至於統治機構與宗教機構的相互自
主性，我更沒有要主張這不是世俗政權必要的特點。
公家機關的中立性也是同樣的道理。兩者雖然不可或
缺，但這些要求在實踐面有什麼意義，取決於我們如
何盡力達到以上三（或四）項基本目標。

　　先舉穆斯林女性在公立學校配戴頭巾為例，這在
許多西方民主國家是十分熱門的議題。眾所周知，法
國公立學校的學生不可以配戴頭巾，因為根據惡名昭
彰的2004年「斯達西法」（Loi Stasi），這屬於「醒
目的宗教標誌」。在德國，某些邦的學生可以配戴頭
巾，但教師不行。至於英國與其他國家雖然沒有普遍
禁令，但各學校可以自行決定。

　　為什麼各國規定不同？在所有例子中，立法者與管理者顯然都嘗試要在兩項目標間達到平衡。以第二個目標「維護各個基礎信仰的平等地位」來說，我們得先認清，維持公共機關的中立性是實現這項目標的關鍵條件。至於第一個目標，是保障最大限度的宗教自由，更普遍地說，就是保障良心自由（liberty of conscience）。目標一似乎會促使我們允許大家在所有場合配戴頭巾，然而，在法國與德國的例子中，有各種持反對意見的主張。讓德國人感到不安的，是公家機關中的上位者配戴宗教標誌。至於在法國，則有人質疑，配戴頭巾是否真的合乎自由行動？悲觀地暗示女性是被家族成員或男性同胞強迫遵守這種衣著規定。這種主張我們時常聽到，但即使以社會學角度研究了學生本人的意見後，很值得受到懷疑，斯達西委員會還是聽而不聞。

　　另一派主流意見則主張，在學校裡配戴頭巾與其說是虔誠的表現，不如說是在表現敵意，對抗共和國及學校等重要世俗組織。提出「醒目標誌」這個概念的人，背後就是這一套思考邏輯。斯達西委員會表示，配戴不起眼的小型標誌，完全沒問題，但高調穿

著特色衣物，就有激起爭端的意味。雖然穆斯林婦女抗議「頭巾不是標誌」，但卻無人理會她們的訴求。

因此，在某個層面上，我們可以看到各國面對相同問題有不同的回應，而這反映出，平衡世俗政體的兩項主要目標時，有著不同的作法。但在另一個層面上，兩難問題與解決之道還是被幻象所遮蔽，讓人誤以為「世俗性」是我們應當奉行的唯一原則，並應極力在公共機構與公共空間中保持中立態度（如「共和國的空間」）。這其實只是共和政體重要特性之一在應用上的問題而已，令人誤以為沒有「選擇」存在的需要或空間，也沒有衡量不同目標的必要。

或許這種拜物化最大的害處，是讓我們看不到面前真正的難題。不過，一旦認知到世俗性不是唯一，世上還有諸多不同的原則，就會立刻注意到這個難題的存在。

## （五）民主與政治認同

要注意的是，這種拜物化反映出現代民主國家生活中一項深刻的特點。一旦我們開始思索自治的條

件、國家基本正當性樣態的意義，就可以明白為什麼
人民主權是國家的基礎。人民若要能成為主權者，需
要先形成一個整體並且擁有人格。

在人民主權政體中，革命是一股力量，將統治權
力由國王轉移到「國族」（nation）或「人民」（people）
手中。在這過程中，他們發明了一種新的集體能動
者（collective agency）。這些詞語過去即已存在，但
是目前所指涉的這種新的能動主體，是前所未見的。
至少在早期現代歐洲脈絡中，是一種陌生的事物。因
此，「人民」這個概念當然可以用來指涉王國中的整
體臣民，或是菁英以外的社會階層。不過，在這個變
化發生前，這個詞語指的還不是可以共同決斷與行
動，具有「**意志**」（will）的一個整體。

但是，要讓人民能共同行動，也就是說，能夠互
相溝通討論，以形成一個共同意志來指引其行動，需
要更高程度的共同決心與認同感。這種社會需要有
「信任」（trust）這項先決條件。其中的個別成員及社
會團體，必須要有最基本的信任，相信其他人在這過
程中真的會傾聽、考慮到自己的觀點。倘若沒有這種
相互承諾，會嚴重侵蝕這份信任。

　　於是，在現代，我們就有了一種集體能動者的新
樣態，成員對此有認同，通常將之等同於自身自由的
實現與保障，或是其國族／文化表現（通常是兩者的
結合）的核心。當然，在前現代社會裡，人民也常對
政權、地位神聖的國王，或是社會等級劃分抱有「認
同」感，安於臣民的身分。不過，民主時代的我們則
自認為是自由的行動者，而這也正是人民意志的概念
之所以會在正當性觀念中扮演關鍵角色的原因。[11]

　　這表示，現代民主國家普遍都接受了共同目標或
是共同參照點，而國家正是據此來主張自己是自由的
保障，或是公民自由表達意見的場所。無論這些主張
是否真正成立，在其公民的想像中，國家必須如此主
張，才能具有正當性。

---

11　盧梭早就道破了這個觀念的邏輯，《社會契約論》第
　　一書第六章指出民主國的主權者不能只是「集合體」
　　（aggregation）而已，更是「結社」（association），也就是
　　說，是一個強大的集體能動者，一個具有「統一性、共同
　　自我、生命與意志」（*son unité, son moi commun, sa vie et
　　sa volonté*）的「道德集合體」（*corps moral et collectif*）。
　　「意志」一詞至為關鍵，因為讓這個集合體擁有人格的，是
　　「普遍意志」（*volonté générale*）。

　　現代國家要面臨的問題，是前現代政治形式都無須面對的。這個問題就是，國家到底是為了什麼，或為了誰而存在的？誰的自由？誰的意見表達？對於奧地利帝國或土耳其帝國而言，這個問題似乎有點莫名其妙——「為了誰？」「為了哈布斯堡王朝或鄂圖曼王朝。」這聽來雖然稍微合理些，但以正當性的角度而言，實在沒有什麼說服力。

　　這就是說，現代國家擁有一種我稱為「政治認同」（political identity）的事物，並根據「為了什麼、誰？」這個問題的公認答案來定義，而這和成員的認同是有區別的。作為參照點，成員的認同種類很多，各不相同，定義了他們生命中的重要事物。如果要讓成員對國家有強烈認同，那麼政治認同與成員各自的認同，兩者最好是有重疊之處。不過，個體和社會團體的認同，通常有著更複雜、豐富的意涵，彼此間也有不小的差異。12

---

12 我之前討論過這關係，見 *Les Sources de l'identité moderne,"* in *Les Frontières de l'Identité: Modernité et postmodernisme au Québec*, eds. Mikhaël Elbaz, Andrée Fortin, and Guy Laforest（Sainte-Foy: Presses de l'Université Laval, 1996），pp. 347-64。

　　換言之，現代民主國家需要的「人民」，是具有強烈集體認同的人民。民主要求我們在共同的政治願景中表現得更團結，對彼此更加付出。相形之下，過去的階級、威權社會在這方面的要求，是低了許多。在奧匈帝國的美好時光中，加利西亞地區（Galicia）的波蘭農民可能對匈牙利鄉紳、布拉格資產階級和威尼斯工人的存在渾然不覺，但這絲毫不會威脅到國家的穩定。這種對其他同胞一無所知的情況，只有在人民政府的思想流傳起來後，才會引起局勢不穩。此時，次級團體之間已經難以緊密相連，開始要求屬於自己的國家。這是民族主義興起、帝國瓦解的年代。

　　我前面討論過，現代民主國家有著建立強烈共同認同的政治必要性，也就是形成「人民」、「審議單位」（deliberative unit）的需求。不過，由其他許多方面也都可以看出這項需求的重要性。由亞里斯多德到鄂蘭，許多公民人文主義傳統思想家都曾指出，比起專制或威權，自由社會需要的決心與投入程度都更高。可以說，以往統治者負責的部分，現在得靠公民自己努力了。不過，只有公民對自己的政治社群及其他社群成員有強烈認同與連結時，才有可能實現。

　　由另一個角度切入，由於這樣的社會在推行公共事業時需要許多努力，而參與的責任若僅由某些人負起，其他人盡享好處，也令人難以容忍，所以自由社會需要高度的相互信任。換言之，當某些公民逃避責任，比如不肯納稅、詐取福利，或是身為雇主，受惠於良好的勞動市場卻不付出任何社會成本時，針對這些人而產生的不信任感，會降低社會的穩定度。這樣的不信任感會引發極端矛盾，更可能使得民主社會運作中所需要的奉獻風氣徹底瓦解。這份相互奉獻的精神是重要的基礎，需要加以持續不斷重新確認，以利推行措施，重新鞏固這份信任。

　　我們常用單向觀點來看民族與國家之間的關係，好像永遠都是民族在為自己找尋國家。不過，反向的運作方式其實也存在；為了存續，國家有時會試著製造出一種共同歸屬感。在加拿大的歷史中，這正是一個重要主題。當我們要在民主時代形構國家時，社會就被迫負起「定義其集體認同」這項艱難又永無休止的責任。

　　因此，我稱為「政治認同」的這樣事物，在現代民主國家中極為重要。其中一部分，往往是以某些基

本原則來定義（如民主、人權、平等），其他部分則
由其歷史、語言或宗教傳統來定義。我們不難理解，
何以這份認同中的各項特性擁有近乎神聖的地位，畢
竟，若是予以改變或貶低，似乎是在威脅國家團結的
基礎，而若是缺乏這項基礎，民主國家無法運作。

　　就是在這樣的脈絡下，某些歷史制度安排看來有
著崇高不可動搖的地位。這些安排似乎構成了政體的
重要基本原則，但之後我們也可能視之為歷史認同中
的關鍵元素。許多法國的共和國擁護者對世俗性念茲
在茲，即為一例。諷刺的地方是，面對現代政治的
（多元文化）認同時，他們卻將此原則奉為自身（法
國）認同的關鍵特性。這很不幸，但完全可以理解。
這個例子讓我們更清楚了解以下的普遍真理：當代民
主國家的多樣化發展過程中，必須歷經其歷史認同的
重新定義，而這可能是一個深遠而痛苦的過程。

## （六）公民哲學與公民宗教

　　在此，我想討論一個有趣的觀點。這是哈伯瑪
斯在〈政治性〉（"*Das Politische*"）一文中提到的。

起初，政治權威的定義與證成都是透過宇宙宗教
（cosmic-religious）及「政治神學」的詞彙。[13]但哈伯
瑪斯似乎認為，現代世俗國家不需要什麼類比概念，
但這在我看來是有問題的。

　　十七世紀發生的關鍵變化，讓我們遠離了宇宙宗
教式的秩序概念，並建立起新的「由下而上」社會
觀，以便保護其（地位平等的）成員，提升互利。
與這新概念隨之而來的一個強烈規範性觀點，我稱為
「現代道德秩序」（modern moral order）。[14]這基本上定
下了三項原則（先姑且算是三項）：(1)成員的權利與
自由。(2)成員之間的平等（關於這點當然有許多不
同詮釋，也隨著時間往更激進的概念演變）。(3)以
「同意」（consent）作為統治基礎的原則（相關的支持
論述也多少有點激進）。

---

13 如此，這象徵層面就是一個宣示，表示「政治」（the
　　political）概念所指涉的，就是政治與宗教的融合。Jürgen
　　Habermas, *Zwischen Naturalismus und Religion*（Frankfurt:
　　Suhrkamp Verlag, 2005）, pp. 108-109.

14 參見拙作 *Modern Social Imaginaries*（Durham: Duke
　　University Press, 2004）。

　　這些基本規範歷經了各種不同的哲學人類學而產生，所依據的人類社會性概念也差異甚大。早期思想家如洛克與霍布斯的眼界，為原子論所局限，但規範的發展很快地超越了原子論。不過，某些基本規範仍然保留了下來，並多少與現代自由民主國家密不可分。

　　因此，對宇宙宗教基礎的拒斥，透過全新的「政治性」（the political）概念形構來完成。這套新的基本規範，如克洛德・列弗（Claude Lefort）即指出，牽涉到其本身的政治權威代表，然而這同時卻又弔詭地維持一個空洞的中心點。如果主權概念保留，那麼沒有任何一個人或團體可以等同於主權。

　　民主社會的安排，不一定像盧梭的看法般以「公民宗教」為中心，但的確需要一套健全的「公民哲學」（philosophy of civility）為核心，崇尚三項規範，以當代社會中常用的詞彙表示就是：（1）人權，（2）平等且不歧視，以及（3）民主。

　　不過，在某些例子中，還是可以有公民宗教（civil religion）的存在，只要這樣的宗教觀可以整合並且證成公民哲學。初生的美利堅合眾國即為一例。

在形式上，當時的美國顯然符合上帝對人類的神聖安排（God's providential plan）：「我們認為以下真理是不言而喻的：人人**生**而平等。」（We hold these truths to be self-evident, that men were *created* equal...）另一方面，這也可說是非宗教，甚至是反宗教意識形態的一部分，就像法國第一共和那樣。我們甚至可以主張，這種全面式觀點在我們當代人看來還更「自然」。畢竟，我們的公民哲學原則似乎需要深遠的基礎。如果對原則有共識確實是一件重要的事，那麼，只要我們也接受其背後的共同基礎，情勢就會更穩定，或至少表面上看來如此。長達幾世紀的政治生活傳統也似乎證實了這個想法。

當然，對一套共同公民哲學的不同基礎觀點，建立起交疊共識（overlapping consensus），在歷史上是相當晚近的事，也少有相關嘗試，因此是有風險的。此外，我們通常會懷疑，抱持不同基本觀點的人，是否真的能支持這些原則，至少程度或方式會跟我們不一樣吧！（比如說，「我們」都知道，無神論者不會相信什麼原則；或是（立場不同的）「我們」都知道，「所有宗教都反對自由或平等」）。

　　問題是，無論公民宗教或反宗教的路子有多方便，多樣化程度極高的民主國家都很難再走回頭路，遑論要同時不背叛民主國家自身的原則。我們已經無法在生活中逃離交疊共識了。

## （七）修正式多元共存

　　之前提過，針對歷史安排的強烈拜物化，會妨礙我們用更有意義的方式來看待世俗政體。一旦採用正確的方式來思考世俗政體，就可以凸顯出我們所追求的基本目標，並且讓我們認知與思考眼前的難題。不過，這又連結到我前面提過，視宗教為問題的執念，而這正是產生混淆的主因之一。世俗主義阻止宗教保持主導地位，而我們也視此為一項難得的成就。但事實上，目前許多西方國家已經脫離了這個時期，邁入新的階段。此時，無論是宗教還是非宗教的基本信念，都呈現出豐富多元的樣貌。除非我們聚焦於良心自由與平等尊重的需求，否則無法正確判斷情勢。不然，我們可能會依據歷史性的制度安排，多此一舉地去限制少數族群移民的宗教自由，卻同時又向他們傳

達矛盾的訊息，表示他們當然跟歷史悠久的主流族群一樣，享有平等地位。

德國有些邦禁止教師配戴頭巾，我們可以思考一下其主張為何。當然，教師的確握有權威，但我們難道會認為，只有沒有配戴任何標誌的人，才可以掌握權威嗎？我們難道會覺得，因為自己的宗教信仰而在這個社會中出類拔萃的人，竟然不能算是有地位的人物嗎？在急速多元化的社會中，這可能是錯誤的訊息，不該如此教導學童。

但是，將宗教視為問題所在的執念，不只是一個歷史遺緒而已。我們的許多想法，甚至是幾位重要思想家，都還陷在舊思維裡。他們希望凸顯宗教的特殊之處，但不見得是為了彰顯宗教的優點。

羅爾斯曾有段時間認為，在宗教與哲學上都呈現多樣化立場的民主國家，其中的每一個人在進入公共領域之前，都應該放下自己的觀點，只使用理性的語言來進行討論。我們應該如何看待這個想法？所幸，羅爾斯自己很快就發現，這項要求有多麼專橫。但我們還是得探問，這個提議當初是怎麼產生的。羅爾斯這項限制的重點，是每個人都應該使用這樣一種

語言，使他們能用合理的方式說服同胞。這個想法
大致上是這樣：世俗理性是一種每個人都會說的語
言，大家可以藉以發表論述或因而被說服。但宗教語
言的運作則不在此論，因為宗教前提只有信眾才會接
受。所以說，我們不如來談談「共通語言」（common
language）這回事。

　　支撐這個觀念的，大約是種認知區別（epistemic
distinction）。每個人都可以運用世俗理性，並藉此
達成結論，而結論就是大家都能同意的結果。另一方
面，特殊語言會額外提出某些預設，有時甚至與一般
的世俗理性相反。就認識的角度來說，這些預設很脆
弱。畢竟，如果你本身不具有相同的預設立場，那根
本不可能被說服。如果依循宗教理性得出的結論，合
乎世俗理性導出的結論，那麼採用宗教理性不啻是多
此一舉。但如果兩者導出的結論衝突，那宗教理性就
會製造混亂、引發危險。基於以上理由，我們得將宗
教理性邊緣化。

　　至於哈伯瑪斯，他之前堅持在世俗理性和宗教思
維之間劃出一道認識上的斷裂，並且偏重前者。畢竟
世俗理性即足以讓我們達到所需要的規範性結論，如

民主國家正當性的建立，或是我們政治倫理的界定。
近來，他對宗教論述的立場有了相當程度的改變，甚
至承認宗教論述：「在相應的政治問題上有潛力產生
真理內容（*Wahrheitsgehalte*），我們需嚴肅以待。」
但他認為，由於基本的認知區別仍舊成立，所以還是
得消除國家官方語言裡的宗教觀點。「比方說，在議
會裡，議事程序一定要讓國會領袖有權將宗教立場或
宗教理據從正式紀錄中移除。」[15]

　　羅爾斯和哈伯瑪斯的立場，是否顯示出他們尚未
理解當代世俗國家的規範性基礎？我認為他們的確找
到一個方向，因為他們認為世俗國家中的某些區域必
須採行中性語言。不過，根據羅爾斯早先的想法，公
民審議並不包含在內，至於根據前面的哈伯瑪斯引
文，這甚至不包括立法過程中的審議活動。我們可以

---

15 Jürgen Habermas, *Zwischen Naturalismus und Religion*,
　　p. 137. 當然，哈伯瑪斯是對的：在不同的民主國家中，官
　　方語言都應該避免具有特定宗教意涵（雖然這項限制不應
　　該延伸到國會辯論之中），但宗教面向並不是這項限制的考
　　量，真正的原因在於，這並不是所有人都接受的共識。立
　　法時，不管是出於無神論哲學立場，還是訴諸聖經權威的
　　「鑑於」（whereas）條款，都是讓人無法接受的。

將這描述為國家的官方語言，也就是立法、行政命令
和法院判決必須運用的措辭。議會裡的法條中，當然
不得出現以下這種說明條款：「聖經告訴我們……」
這同樣適用於法院判決，因此這種理由也不可以出現
在司法裁決中。不過，這並不是特別針對宗教語言
的宗教性質。如果法條裡出現「馬克思表示，宗教是
人民的鴉片」或「康德指出，唯一無條件的善就是良
善意志」這種條文，也一樣不恰當。排除這兩種論述
取向後的立場，就是國家的中立性（neutrality of the
State）。

　　我們不想要基督教國家、穆斯林國家或猶太教國
家，但同樣地，我們追求的也不是馬克思主義國家、
康德主義國家或效用主義國家。當然，在最好的情況
下，民主國家中經由投票而制訂出的法律，最後會反
映公民實際上所擁有的信念。基督教、穆斯林，或
是其他信仰都是有可能的，總之是現代社會中既有的
信仰之一。但做成這項決定的過程，不可以獨厚特定
觀點。當然，分寸拿捏並不容易，也是一項需要與時
俱進的任務。不過，這正是現代世俗國家這種組織的
本質。對多樣化的民主國家而言，還有什麼更好的選

擇？16

　　國家保持中立，基本上是為了回應多樣性，但西方的「世俗」大眾不知怎地就是不願接受，堅持這跟宗教有關，還把宗教當成奇怪，甚至是有威脅性的東西。自由主義國家與宗教之間的衝突歷史，以及當前的紛爭，都強化了這種立場。此外，許多人以為，比起純粹的「世俗」思維，以宗教為基礎的想法就是比較不具**理性**（rational），而這項明確的認知區別也加深了對宗教的質疑。這種態度有其政治立場，視宗教為威脅，但同時也有著認識論立場，將宗教視為有缺陷的理性。17

---

16 我不確定我是否不贊成哈伯瑪斯的意見，也不確定構想上的差異是否真的會導致實踐面的差異。官方語言必須保持一定程度的中立、言論自由不應受限，是我們兩人都認可的脈絡。我們意見不同的地方，比較在於理論，而不是屬意的實踐方式。

17 追根究柢，對同胞發言時使用世俗理性語言的義務，有時候是來自於說明清楚自己立場的義務。「立憲國家的自我認知，發展於契約論傳統的框架中。此一傳統仰賴『自然理性』（natural reason），換言之，就是純粹仰賴所有人都應該能平等進行的公共言論」（Habermas, "Religion in the Public Sphere," *European Journal of Philosophy* 14, no. 1

　　關於現代理性主義，我在下一講將進一步考察。個人深信，語言中的一詞多義（polysemy）反映了民主社會的情境。我主張修正式多元共存（revisionary polysemy）有堅實基礎：在當代民主中，如果國家只將自己定位為抵擋宗教的堡壘，並不足以冠上「世俗」政權之名，還得要誠心追求我前面提出的三（或四）項基本目標才行。也就是說，他們在規畫制度安排時，不是為了忠於空洞的傳統，而是為了在最大程度上，達到各基本信仰之間的自由與平等。

---

（2006）: 5）。但是，我們又有什麼理由相信，「自然理性」是一種意識形態的世界語？當金恩博士用聖經中的語言來說明「平等」時，他的俗世同胞有理解上的困難嗎？要是他引用了康德，就會有更多人理解他的想法？此外，我們要怎麼區分宗教語言和世俗語言？「金律」（Golden Rule）這種推己及人的道理，難道我們就能明確歸入世俗或宗教語言的範圍？

# 單 在 理 性

## （一）啟蒙的迷思

　　大家確實普遍認為啟蒙時代（Enlightenment, *Aufklärung, Lumières*）是由黑暗邁向光明的過渡階段，在徹底擺脫充滿錯誤與幻象的思維後，終於有機會抵達知悉真理的境地。但這是否屬於一種啟蒙迷思？對於擁護啟蒙的觀點，我們得補充較為「反動」的對立見解：啟蒙運動是個充滿錯誤的運動，讓人遺忘了對人類處境有益且必要的真理。在關於現代性的爭論中，細膩的理解很容易被推到極端，正反兩方急於一較高下，不免讓人想起馬修・阿諾德（Matthew Arnold）的〈多佛海灘〉（Dover Beach），「無知的軍隊在暗夜裡廝殺」。

　　什麼是細膩的觀點？首先，當然是能夠包容各種啟蒙運動意見的現代史詮釋——如波考克（John Pocock）[1]

---

1　John Pocock, *Barbarism and Religion, volume I: The Enlightenments of Edward Gibbon, 1737-1764*（Cambridge: Cambridge University Press, 1999）.

和希梅爾法布（Gertrude Himmelfarb）[2]。不過，有些詮釋雖然認同啟蒙運動（無論是整體而言還是各地的啟蒙運動）帶來了重要收穫，比如真理的發現，或是為概念化（conceptualization）制訂有益的新架構，但同時也認知到啟蒙運動造成的損失，例如，我們因此遺忘了某些理解方式、曾經擁有的美德，或是與之失去連結。啟蒙運動帶來的正面改變，評價不會因此受到影響，不過，我們也應該試著思考，該如何努力尋回所失，又不犧牲所得。

托克維爾（Alexis de Tocqueville）對民主的思索，正是一個很好的例子。他認為這場大規模的社會平等化（social levelling）無法避免，也值得推崇。他甚至曾經表示，這是天意注定。[3]不過，他也敏銳地注意到，貴族生活方式的消逝會帶來什麼損失：我們失去了自身尊嚴的英雄感，也失去了重要的自由和果敢

---

2　Gertrude Himmelfarb, *The Roads to Modernity: The British, French, and American Enlightenments*（New York: Vintage, 2005）.

3　Alexis de Tocqueville, *De la Démocratie en Amérique*, I. Intro.（Paris: Librairie de Charles Gosselin, 1835）, p. vii.

奉獻精神。托克維爾對損失的關注，不僅是一種傷懷而已，他更試著要在民主時代重新創造出可堪比擬的事物。而正是在積極參與的公民生活中，他找到了答案，就是行使他所謂的「政治自由」。

如同托克維爾對民主的立場一般，我們或許可以說，（整體而言或是某一地的）啟蒙運動內部確實有反思，不以為啟蒙帶來的全然都是正面影響，反而意識到過程中引發的損失，並將可能的補救方式納入探討議程中。

我的觀點也正是如此，但我不打算在此詳細討論。反之，我想嘗試去解釋，是什麼樣的邏輯會讓人將啟蒙運動視為絕對、全面的進步。我認為這是啟蒙的「迷思」（myth）——由於大家常說啟蒙把我們由「迷思」中拯救出來，令我非常想使用這個詞。我相信，這麼做是值得的，因為這個迷思的傳播範圍之廣，超乎想像。如果這個迷思偽裝成普遍命題，思緒縝密的思想家可能會加以反駁，但換個脈絡之後，連他們都似乎會不自覺地接受這個迷思。

啟蒙代表著什麼？有人認為，這指的是我們踏出舊領域，不再相信神聖啟示（Revelation）或普遍意

義上的宗教能夠提供人類事務方面的洞見，並且邁入一個新領域，完全根據此世（this-worldly）或人類方式來理解相關事務。當然，某些人確實歷經了這樣的過程，這點沒有爭議。不過，有人以為，這個思想運動在知識方面帶來的益處毋庸置疑，讓我們徹底擺脫那些可疑的真理或意義，專注於人類能夠處理，且顯然更有意義的事。我們通常視之為由神聖啟示往「單在理性」（就是康德的 *blosse Vernunft*）[4]的思想運動。不過，在我看來，這種想法才是需要受到質疑的。

　　在里拉的著作《夭折的上帝》中，就可以看到這種想法的影響。雖然在某些段落裡，這看來似乎不是理性對我們的要求，而是我們一定得做的決定。不過，政治思想可以清楚一分為二，一種包含神學思維，另一種禁止神學思維——這樣的看法讓人聯想到理性迷思。里拉想要主張的是，以政治神學為本的思想和「完全以人為中心所進行的政治思考與討論」，

4　編者按：意指康德宗教哲學名著 *Die Religion innerhalb der Grenzen der bloßen Vernunft*（Hamburg: F. Meiner, 2003）的用語。

兩者之間有一道鴻溝。[5]現代人成功地「澄清了明顯
屬於政治領域的問題,且將之由神聖連結(divine
nexus)中解放、孤立出來。以智性角度而言,政治
於是自成一格,值得獨立探究,並能滿足有限的目
標,也就是提供人類尊嚴所需之和平與繁榮。這就是
『大分離』(the Great Separation)」。[6]由這種激進分離
的隱喻可見,回答政治相關問題時,以人類為中心的
政治思想,能夠提供比以政治神學為基礎的思想還要
可靠的指引。

在羅爾斯與哈伯瑪斯等當代政治思想家的著作
中,可以找到更明確的例子。無論彼此想法差異多
大,他們似乎都為不以宗教為基礎的理性——不妨就
稱此為「單在理性」(reason alone)——保留了特殊
地位,簡直好像(a)這可以解決某些道德政治問題,
並合理地滿足每一位正直、思緒清晰的思想家,以及
(b)有宗教基礎的結論,永遠都不穩固,最終只能說
服已經接受這種教條的人。

---

5    Mark Lilla, *The Stillborn God*(New York: Knopf, 2007), p. 5.
6    Ibid., p. 162.

　　我在前一講已經提及，羅爾斯有這樣的想法：在宗教與哲學方面都呈現多樣立場的民主國家中，每一個人在進入公共領域之前，都應該放下自己的宗教觀，只使用合乎單在理性的語言來進行討論。所幸，羅爾斯自己很快就發現這項要求有多麼專橫。事實上，除非前述（a）＋（b）都成立，不然這樣的主張是行不通的。羅爾斯這項限制的重點，是每個人使用的語言都要能以合理的方式說服同胞。這項允許單在理性，但排除宗教語言的要求，就是（a）與（b）的實質內容。

　　至於哈伯瑪斯對宗教論述的立場，則有相當程度的演變，甚至承認宗教論述「在相應的政治問題上有潛力產生真理內容（*Wahrheitsgehalte*），我們應嚴肅以待。」但他認為，由於基本的認知區別仍舊成立，所以還是得消除國家官方語言中的宗教觀點。「比方說，在議會裡，議事程序一定要讓國會領袖有權將宗教立場或宗教理據從正式紀錄中移除。」[7]

---

7　Jürgen Habermas, *Zwischen Naturalismus und Religion* (Frankfurt: Suhrkamp Verlag, 2005), p. 137. 當然，哈伯瑪

　　在**繼續**往下談之前，我只能說，根據（a）與（b）來區分宗教與非宗教論述的理性可信度，在我看來終究是不可靠的作法。或許有一天，我們會發現宗教完全建立在幻象之上，由此出發的一切都不可信。但在那天真正來臨之前，沒有任何先驗理由支持我們去質疑宗教。這項區別的可信度，有賴於以下觀點：「世俗」論據就**足以**導出道德政治方面的結論。關於「足以」，我的意思是像（a）那樣，能合理地說服每一位正直、思緒清晰的思想家。從「二加二等於四」到其他現代自然科學領域中更高深的表述，都屬於這類命題。不過，有些時候，比方說在建立基本政治道德時，我們需要的關鍵信仰並不在此列。在當代世界中，兩大流傳最廣的此世哲學，就是效用主義和康德主義，雖然各有許多不同版本。只是，兩者都不是很

斯是對的：在不同的民主國家中，官方語言都應該避免具有特定宗教意涵（雖然這項限制不應該延伸到國會辯論之中），但宗教面向並不是這項限制的考量，真正的原因在於，這並不是所有人都接受的共識。立法時，不管是出於無神論哲學立場，還是訴諸聖經權威的「鑑於」（whereas）條款，都是讓人無法接受的。

能夠說服正直、思緒清晰的人。如果我們考慮到當代政治道德中的關鍵論述，像是將權利（如生命權）賦予人類本身，我實在看不出，「人類是能夠體驗慾望／愉悅／苦痛的存有」這項事實，或是「我們是理性主體」的想法，拿來作為前述權利的基礎時，比「神依其形象創造人類」更有理據。當然，我們感知苦痛的能力，以（a）來說的確是一項基本且不容挑戰的命題，而我們究竟是否屬於神的造物，則確實有可懷疑的空間。但更讓人難以完全相信的，是由第一個主張衍生出的規範性論述。

提出這項區別時，如果你自認已經有一套滴水不漏的「世俗」權利論述，的確會容易得多。哈伯瑪斯的「對話倫理」（discourse ethic）就是這樣——不幸的是，我認為頗不具說服力。

這個（a）＋（b）區別，應用到道德政治領域時，就是啟蒙迷思的一個結果。我們或許可以說，這是啟蒙迷思的面貌之一。在接下來的討論中，我會試著透過一系列的思想運動來追溯這個錯覺的興起；其中一部分有良好的根據，其餘則立基於錯覺之上。在這裡我會舉出三點，前兩點相對而言已有充分的探討，所

以我會簡單帶過,著重於第三點。

　　第一項是(1)基礎主義(foundationalism),最有名的就是笛卡兒(René Descartes)的哲學。這結合了一個據稱不容置疑的起始點(心靈中的細微思想),以及一套萬無一失的方法(清晰明確的思想)。如此得出的結論應該要能符合主張(a),然而卻有兩個失敗的地方。首先,所謂「不容質疑的起始點」,必須面對堅定的懷疑主義(例如休姆〔David Hume〕)的挑戰。其次,這套方法過於仰賴先驗論述,經驗資源太過不足。

　　不過,即使我們捨棄了笛卡兒的基礎主義和先驗物理學,他還是留下了(α)不懈找尋正確方法的信念,以及(β)理性主義者的心智。這兩點應用到倫理方面之後,導引出以下廣為流傳的現代觀點,就是我們可以由單一且高度抽象的原則中導出所有正確的行動──在我看來都十分驚人且大錯特錯──而這也是效用主義者和康德之後的諸多思想家都同意的前提。

　　在(α)之後,對笛卡兒的駁斥,使得一種修正後的方法,也就是經驗主義方法有機會出現,並以洛克(John Locke)的界定最為著名。實際上,若是由經驗

主義出發，那麼我們就可以合理地忽視針對此起始點的根本質疑。由於心靈無法擺脫，也無法不接收到簡單的想法，這些想法因此成為無法迴避的起始點，加以質疑是沒有用的。不過，我們可以設計出一套比笛卡兒式方法更好的方式，耐心地追蹤自經驗而來的各種實際相關性（correlation）。

　　此處，經驗主義在(2)後伽利略（post-Galilean）時期的自然科學中得到了支持，或者說，經驗主義會期待得到伽利略自然科學的支持。也就是說，有一套方法的結論基礎，是來自於觀察所得之事實，即使是激進懷疑論者都能夠接受，並滿足(a)的標準。這套方法有個非常簡單的經驗主義版本，僅注意且記下這些事實之間的相關性，有時也透過更複雜、本身無法觀察得到的中介實體（intervening entities）為其排序。

　　這種對科學的天真認知，隨即由更合適的理解方式取代。在新的理解方式中，以下事實獲得認可：處理可觀察事實的科學方法（scientific treatment）是在更廣的圖像中所形成的，而這圖像描繪了事物如何運作，以及我們如何用因果關係來解釋觀察到的事件。

在孔恩（Thomas Kuhn）的重要著作廣為流傳後，[8]這幅廣泛圖像在今日通常稱為「典範」（paradigm）。只要繼續採用不適合的典範，某些科學方面的進展就永遠無法發生。然而，只要典範改變，就有可能促成進步的潮流。一個著名的例子於是再度出現：根據亞里斯多德力學，「沒有動因（mover）就不會有移動（mobile）」這項原則是有效的。每一個移動都需要一個當下正在運作中的原因（cause）。只是，這樣一來，我們便無法理解拋射體或砲彈的移動。這些物體在離開手或大砲後，究竟因為什麼而移動？只要典範沒有改變，這些問題不可能獲得解答。對舊典範來說，這些運動都是理論的異例，唯有轉移到慣性運動的典範後，這些移動、軌跡，以及導致其停止的成因才有意義。

對典範扮演的角色有以上認知後，我們就更能掌握這樣一幅科學圖像：以在(a)的意義上無可否認的經驗元素為基礎，嘗試提供各事件之間的有效因果解

---

8　Thomas Kuhn, *The Structure of Scientific Revolutions* (Chicago: University of Chicago Press, 1962).

釋。雖然這套科學的運作方式不過就是設計解釋性架構來描繪觀察到的事件，但我們還是能憑藉著其處理、解釋問題，並且避開無法解決的異例（anomalies）的能力，來判別各架構的優劣。解決異例的過程，可以解釋典範之間的取代。雖然我們已經遠離了笛卡兒的基礎主義，但我們可以說，在某個領域中，已然確立的結論確實符合（a）的認可。

　　目前（1）與（2），特別是（2），對現代人的想像有重大影響。雖然自然科學處理的範圍僅及於此世事物，但感認是帶來知識的成功典範。某種程度上，後伽利略自然科學設想的情境，完全吻合「全面進步」的啟蒙迷思。將自然世界的現象解釋由「形式（form）塑造物質界」的柏拉圖／亞里斯多德架構挪出，移入物質界中的因果關係領域，讓大躍進式的進展得以發生，並延續到今日。既然形式（至少是在柏拉圖一脈的學說中）的性質屬於彼世（外於時間），我們可以將之理解為一個由黑暗邁向光明的轉變，離開陰影、彼世的領域，讓我們更能清楚理解所處的世界。至此，難道我們還沒有權利去主張「此世理性在認識方面明顯優於彼世信仰」？

　　某種程度上，答案無疑是「有」。但這跟前述的
「理性與啟示」或「理性與宗教」二分法是不同的。駁
斥亞里斯多德物理學是一回事，反駁所有宗教又是另
一回事。這些議題是如此不同，令我們注意到，特定
信仰立場的基督教思想家不但鼓勵，也多少加入了駁
斥亞里斯多德和柏拉圖宇宙觀的行列。以法國神學家
暨數學家梅森（Marin Mersenne）為例，他與同時代
（十七世紀中葉）的所有重要科學界人士保持通信，
與笛卡兒的聯絡格外密切。笛卡兒的神學立場，讓他
對「宇宙運行」（animated universe）這種文藝復興後
期理論深感懷疑。此處的驅力跟宗教改革運動（包括
當時的天主教和新教）中的除魅（disenchantment）動
力是一樣的，目標是要禁止一系列算是「魔法」的作
為（所以韋伯才會提出 *Entzauberung*，也就是英文的
disenchantment）。這些例子中的共通處，是都將這樣
的權力交付給世俗程序，拒絕或挑戰神的無上權力。[9]

---

9　見 Francis Oakley, *Natural Law, Laws of Nature, Natural
　　Rights: Continuity and Discontinuity in the History of Ideas*
　　（New York: Continuum, 2005）.

　　儘管歷史中有這樣的關鍵面向，但混淆魔法和整體宗教的風氣還是很盛，也多少導致了「科學否定了宗教」的主張。由此，或許很容易導引出這樣的觀點，就是（a）＋（b）區別也可應用到道德與政治領域──相對於柏拉圖／亞里斯多德主張的形式論，這個區別很明顯更合乎後伽利略自然科學。不過，我們也可以用不同方式邁出這一步，支持化約式解釋的概念。這種作法已為自然科學所採用，將來也或許完全足以解釋人類生活中的現象。當然，這或許是連接啟蒙迷思此一面向最快的路徑。

　　然而，即使是不抱持這種化約人文科學觀的人（包括哈伯瑪斯等人），也還是受到這種錯覺的影響。因此，這種觀點的由來，必定有更多值得探討之處。實際上，這的確很值得討論。以哈伯瑪斯的例子來說，其中有康德式觀點的延續，在經過合適的轉變後，使得我們能在自己的精神生活中，某些無可否認的形式特徵（formal features）裡找到重要道德主張的基礎。在康德的學說中，這是我們以普遍規則（general rules）思考的能力。在哈伯瑪斯看來，則在於我們日常言談交流的意涵之中。他因此得出一個結

論，就是有效的規範必須是所有受影響的人都能夠接
受的規範；這仰賴的就是笛卡兒遺緒中的元素（β）。

　　不過，一般來說，其實還有更多因素發揮作用。
在現代的道德政治思想運動裡，有組重要的轉變，可
視為果決邁向光明的一步，讓符合主張（a）的此世思
維模式得以運作。

## （二）現代道德秩序

　　我所稱的（3）道德秩序的現代觀念，背後就有這
些變化為基礎。[10]這點在十七世紀出現的自然法理論中
可以看得很清楚。這些新理論主要是在回應宗教戰爭
引發的國內外動盪。以我們所要討論的議題而言，格
勞秀斯和洛克是最重要的理論家。

　　根據政治社會成員的本性，格勞秀斯推導出應有
的規範秩序：人類是理性、合群的行動者，為了互利
而和平共同努力。自十七世紀開始，這個觀念主導我

---

10　詳盡討論見拙作 *Modern Social Imaginaries*（Durham: Duke
　　University Press, 2004）。

們政治思維的程度越來越深，也大大影響了我們想像社會的方式。起初，在格勞秀斯的版本中，這是一個描繪政治社會的理論，也就是說這樣的社會能帶來什麼利益，以及如何達成。不過，這種理論無可避免地會包含一個道德秩序的觀念，指引我們應該如何在社會中共同生活。

在這幅社會圖像中，抱持既有道德基礎和特定目的的個人聚集在一起，共同建立政治體。這圖像中的道德基礎，是自然權利式的；這些人已經對彼此有道德義務，追求著特定的共同利益，而安全是其中最重要的考量。

道德秩序的基本概念，強調我們作為個人對彼此所具有的權利與義務，這甚至先於或外於政治連結。我們視政治義務為這些基本道德約束的延伸或應用。政治權威本身能夠具有正當性的唯一原因，就是經過個人的同意（初始契約），而既然遵守承諾是一項既有原則，該契約就能夠創造出有約束力的義務。

對我們目前的生活而言，更重要的是，這個秩序觀對於我們對社會和政體的想法越來越重要，更重新塑造了我們的看法。這個秩序觀發揮影響力時，不再

只是為少數專家提供論述資源的理論而已，更成為大眾社會想像的一部分，亦即我們當代人如何想像自己所居住並維持的社會。我稍後會更詳盡地描述這個過程。

由前面的段落，可清楚看到一個關鍵，就是我這裡所使用的道德秩序觀念，意義遠超過任何用來管理彼此關係或政治生活的規範時程表。在規範的認知與接受方面，對道德秩序的理解能幫助我們認清世界、神聖行動或人類生活的特性，讓某些規範成為正確並且（至少在規範要求的程度上）可以實現。換言之，秩序的意象不僅定義了「正確」（right），也界定了一個情境，使得為了對的事努力是有意義的，並且讓我們有意願（至少是部分上）去做正確的事。

顯然，由格勞秀斯與洛克自然法理論中一系列轉變所產生的道德秩序，在意象上和前現代社會想像而來的道德秩序頗不相同。

有兩種重要的前現代道德秩序，在此很值得一提，因為在往政治現代性的過渡中，我們可以看到這兩種道德秩序在格勞秀斯／洛克思想面前逐漸落於下風、被取代或是邊緣化。其中一種秩序，奠基在國法

（Law of a people）的概念上；這是亙古以來管理，甚
至在某種意義上界定了這群人民的法律。這個概念似
乎風行於各個印歐部落，而這些部落又在不同階段各
自演變為歐洲的一部分。在十七世紀的英國，這個概
念的影響力極大，以「古憲法」（Ancient Constitution）
的面貌出現，成為反抗國王的重要理由之一。[11]這個
例子應足以說明，這些想法在初引進時並非總是保守
的。但我們也應該在這個類別中納入規範性秩序的意
義；這似乎在農村社群中代代相傳，並憑此發展出一
幅「道義經濟」（moral economy）的圖像。農民可據
此批評地主加於他們的重擔，或是國家與教會強徵的
苛稅。[12]我們可以再度看到，大家常感受到，最初眾人
所接受的負擔分配方式已經被掠奪所取代，有必要往
回調整。

　　另一種前現代道德秩序，則圍繞著表現且呼應宇

---

11 見 J. G. A. Pocock, *The Ancient Constitution and the Feudal Law*（Cambridge: Cambridge University Press, 2nd ed., 1987）。

12 詳盡討論見拙作 *Modern Social Imaginaries*（Durham: Duke University Press, 2004）。

宙階層的社會階層概念而形成。雖然這通常以來自柏
拉圖／亞里斯多德形式觀念的語言加以理論化，但基
礎概念明顯是由符應理論（theories of correspondence）
而來：比方說，王國中的國王就是獸群裡的獅子、禽
類中的鷹……正是出於此一觀點，我們以為人類領
域的失序會呼應自然，因為事物的秩序本身受到了威
脅。鄧肯國王被馬克白暗殺的那一晚，「空中傳來哀
歌，死亡的怪叫」。即使天明時分已然到來，天色仍
舊昏暗無光。謀殺發生的前一個週二，補食老鼠的
鴟鴞竟然獵殺了一隻雄鷹。鄧肯的馬在半夜野性大發
「不聽使喚，彷彿要對人類宣戰」。[13]

　　在以上兩個，特別是第二個例子中，我們所看到
的秩序傾向透過事物的進程來發揮影響。秩序破壞引
發的後果，波及範圍超越人類領域。這似乎是前現代
道德秩序觀念中非常普遍的一個特點。古希臘哲學家
阿那克西曼德（Anaximander）將所有偏離自然軌道

---

13　*Macbeth*, 2.3.56; 2.4.17-8，參考拙作 *Sources of the Self: The Making of the Modern Identity*（Cmbridge, MA: Harvard University Press）, p. 298。

的事物都連結到不公義，並且主張反抗天道的事物最
終必然「在經過時間的評估後，為了其不公義而受到
懲罰與報應。」<sup>14</sup>赫拉克利特（Heraclitus）用相似的
語調談論事物的秩序時說，倘若太陽偏離了預定的軌
道，復仇女神（Furies）會逮住太陽，拖回正軌。<sup>15</sup>當
然，這個充滿變化的世界中，柏拉圖理論中的形式，
在事物與事件的形構方面有相當大的影響力。

　　在這些例子中，道德秩序很明顯不僅是一套規範
而已，也包含了我們所稱的「本體」（ontic）元素，
以確定世界上有哪些特點使規範具有可行度。現在，
源於格勞秀斯／洛克思想的現代秩序，並不能在希臘
詩人赫西俄德（Hesiod）、柏拉圖思想，或回應謀殺
鄧肯事件的宇宙秩序中自我實現。因此，或許會認
為，我們的現代道德秩序觀念整體而言缺乏本體要

---

14 轉引自Louis Dupré, *Passage to Modernity*（New Haven:
　　Yale University Press, 1993）, p. 19。
15 「太陽不會偏離自己的軌道；一旦逾矩，正義女神的侍女
　　厄里倪厄斯（Erinyes）絕不縱放。」轉引自George Sabine,
　　*A History of Political Theory*（New York: Holt Rinehart &
　　Winston, 3rd, 1961）, p. 26。

素。但這想法並不正確，我稍後會說明。兩者間的重要差異，在於以下事實，就是此本體要素是一個與我們人類有關的特點，和神或宇宙都無關，也不在於其實應該整個不存在的本體層面中。

如果我們將焦點放在自然法理論的理想化（idealization）與過去有什麼不同，就會更清楚我們對秩序的現代理解有什麼特殊之處。前現代的社會想像，特別是前述的第二種類型，是由階層互補（hierarchical complementarity）的不同模式所構成的。我們認為社會由不同秩序所組成，各個秩序互相需要、互相補充。不過，這並不意味這些秩序彼此間有很實在的相互關係，畢竟其間有高低之差。如此構成的階層，某些元素在尊嚴與價值上優於其他元素。一個時常提及的例子，就是中世紀的三階級社會觀念：祈禱者（*oratores*）、戰士（*bellatores*）與勞動者（*laboratores*）。雖然他們顯然彼此需要，但毋庸置疑的是，三種身分的尊嚴是依序下降的，有些功能在本質上就是高於其他功能。

目前，這種理念的一個關鍵是，功能分配本身就是此規範性秩序的重要部分。這不只是說，既然這些

等級都已進入交換關係，每個等級都會為了發揮自己
獨特的功能，只是仍保有其他安排的可能性，比方說
或許存在著另一種世界秩序，是每個人都負起一部
分的祈禱、作戰與勞動之職。然而，這是行不通的，
階層差異本身就是正確的秩序，是大自然的一部分、
社會的形式。我前面提過，在柏拉圖和新柏拉圖傳統
中，這個形式已經在世上運作，任何偏離軌道的嘗
試，都是與現實為敵。這樣的嘗試會使社會變質。因
此，在這些早期理論中，有機體（organism）的譬喻
才會如此重要。以運作中的形式而言，生物似乎是典
範中心，著重治癒傷口與疾病。與此同時，所展現出
的功能安排並不是偶然，而是「正常」且正確的。頭
上腳下不只是實然，也是應然。

　　秩序的現代理想化，至此已有極大的差距。不只
沒有空間讓柏拉圖的形式觀念運作，與之關連的是，
無論社會可能發展出怎樣的功能分配，都可視為偶
然，可能、也可能不會因工具理由而成立，且其本
身並不能定義何者為「善」（good）。基本的規範原
則確實就是社會成員彼此滿足需要，互相幫助；簡言
之，表現的就像是他們真正的樣貌──理性合群的生

物。如此一來，彼此的存在就是互補的。不過，為了在最大程度上發揮這點而採行的特定功能差異化，本身不具有價值，只是偶然、有變化潛能的。在某些情況中，這可能完全是暫時的，眾人輪流統治、被治的古典城邦原則即為一例。在其他例子裡，這需要終生的時間來達到專門化的程度。不過，這仍然不具有內在價值，畢竟所有職業在神的眼中都是平等的。無論如何，現代秩序並未賦予階層任何本體論狀態（ontological status），或是任何特定的差異化結構。

換言之，這新規範秩序的基本重點，是組成社會的個人彼此互相尊重且互相服務。真正的結構，理應是用來達到這些目的，因此要由是否能帶來益處的角度受到評斷。新舊秩序的差異，或許不是這麼顯而易見，畢竟舊秩序也同樣能確保某種互相服務的形態：教士為世俗之人祈禱，世俗之人保衛教士或是為其工作。關鍵就在於這種在其階層秩序中的類型劃分。然而，當我們對個人及其互相服務的債務有了新的理解之後，此一劃分會因而瓦解，因為新的理解方式能有效地解除這項債務。

因此，柏拉圖在《理想國》（*Republic*）第二卷

中，一開始就由個人無法自給自足談起，點出建立互相服務秩序的需要。不過，我們很快就會明白，這個秩序的結構才是重點。一旦我們曉得這個秩序應該要和靈魂的規範秩序有著類比與互動後，一切都豁然開朗，再無疑問。比較起來，現代觀念中的重點則是互相尊重與互相服務，無論實現形式為何。

　　我前面提過的兩個差別，可以將這個理想與過去以柏拉圖思想為典範的階層互補秩序區分開來：「形式」在現實中不再有作用，職能分配本身也不再有規範性。隨之而來的還有第三個差別。根據柏拉圖思想延伸出的理論，如果成員處在正確的關係之中，那麼階級之間的互相服務，還包括促成彼此發揮其最高德行。當然，這向來是整個秩序為全體成員帶來的服務。但是在現代式的理想中，互相尊重和互相服務的目的，是滿足我們的日常目標、生命、自由，還有個人與家庭的溫飽。我前面提過，評斷社會組織時依據的不是其內在形式，而是外在作用。不過，我們還可以補充一點，就是組織的作用關係到的是自由行動者的基本生存條件，而不是德行的優越——雖然我們也會認為，要扮演好自己在社會組織中的角色，需要具

備極高的德行。

　　因此，我們為他人提供的首要服務，（用晚近的
語彙來說）就是集體安全（collective security），好讓
我們的生命與財產受到法律的保護。不過，在進行經
濟交易活動時，我們同樣為他人提供了服務。「安全」
與「繁榮」這兩個主要目的，目前是組織化的社會中
主要的兩項目標，而這樣的社會本身，性質上可視為
成員之間有益的交換。在理想的社會秩序中，我們的
目標能夠緊密交織，每個人在自我成長的同時也幫助
了彼此。

　　在大家的認知中，這個理想秩序不只是人類的發
明而已，更是神的設計。在其中，萬事萬物皆根據神
的目的而凝聚在一起。稍後，在十八世紀，大家將相
同的模式投射到宇宙上，想像各部分環環相扣，構成
宇宙，各種生物的目的都緊密相連。這個秩序為我們
的建設性活動定下目標，我們都有能力去推翻或實現
之。當然，整體看來，我們會發現這個秩序大部分已
然實現。然而，一旦將目光投注在人類事務上，又會
發現我們偏離或推翻了這秩序。秩序因此成為我們應
該努力回復的規範。

　　我們認為，透過事物的本質可以清楚看出這個秩序。當然，若我們由啟示尋求指引，也會發現我們所遵守的要求是啟示所規定。不過，單在理性就足以讓我們明白神的目的為何。所有生物，包括我們本身，都努力保存自己，這是神的作為。

　　神創造了人，並且跟其他所有動物一樣，也在人之中植入了強烈的自我保存慾望，並在世上安放了適合作為食物、衣著與其他生活必需品的事物。順服於神的設計，人會在世界上生活、逗留一段時間。作為如此奇特美妙的工藝品，人不至於因為自己的疏忽，或是必需品的缺乏而再度滅亡……神……對他發話，（也就是說）用其感性與理性來引導他……去運用那些能維持其生存的事物，並將之賜予人作為自我保存的方式……由於那慾望，保存其生命與存在之強烈慾望已植入人之中，作為神親自定下的行動原則，而理性，這存於人之中的神之聲，肯定會教導他，並讓他確知，順從保存其自身存在的自然傾向，就是在

遵行造物主的意志。[16]

獲得理性後，我們就會明白，我們應該維護的，不只是自己的生命，更是全人類的生命。此外，神將我們創造為合群的生物，因此「既然注定要保全自己，不能任意離開所處之位置，那麼，根據同樣的道理，當其保存無須面對競爭時，他應該盡其所能去維護其餘人類的生存」。[17]

同樣地，洛克認為，神賦予我們理性與紀律方面的力量，讓我們能夠有效地進行自我保存。因此，我們應該「勤勉且理性」。[18]紀律倫理與進步倫理，本身就是自然秩序的要求，也是神的設計。根據神的規畫，人類意志也應當為世界訂出秩序。

---

16 John Locke, *Two Treatises of Government*, I. ch. IX, para 86（Cambridge: Cambridge University Press, 1988）, pp. 204-205.

17 Locke, *Two Treatises of Government*, II. ch. II, para 6, p. 271；亦可見；II. ch. XI, para 135, p. 357；以及 *Some Thoughts Concerning Education*, para 116（Oxford: Clarendon Press, 1989）, p. 180.

18 Locke, *Two Treatises of Government*, ch. V, para 34, p 291.

可以看到，在洛克的構思中，將互相服務在很大程度上視為有利的交換。「經濟」（就是有秩序、和平、有生產力的）活動成了人類行為的典範，以及和諧共存的關鍵。與階層互補的理論相比，此時我們所處的是一個和諧、互相服務的環境；這不是說我們超越了自己的日常目標與目的，反之，實現目標與目的正是根據神的安排。

這觀念在一開始時，與實際運作情況有深刻的差異，因此，在社會的各個層面上都與有效的社會想像不同。由王國自城市、教區、教堂，到部落與家庭，階層互補的原則才是大家生活有效運作的根據。以家庭的例子來說，我們還是能清楚感受到內部的不平衡，畢竟，男尊女卑的意象直到我們的時代才受到全面挑戰。不過，這是這段「長征」的晚期；在此進程中，現代觀念化根據我前面提到的三主軸前進，並且幾乎在每個層面上都與我們的社會想像有關連，甚至轉化了後者，帶來革命性的結果。

由於這理論產生的影響是革命性的，因此首批接受這理論的人，無法像今日的我們一樣，看到理論應用在各個領域中。從家庭中的主僕、領地中的地主與

農夫，到知識菁英與大眾，凡此種種皆受到階層互補
對生活形式的強大影響，使得新的秩序原則，看來
「應該只能」應用於某些特定關係，而我們甚至沒有
察覺這構成的限制。十八世紀輝格黨以「人民」之名
捍衛他們的寡頭權力，在今日的我們眼中，明顯有所
矛盾，但對輝格黨領袖卻是再普通不過的常識。

　　事實上，他們引用的「人民」是一種舊的理解方
式，來自於前現代的秩序觀念，屬於我前面提過的
第一種類型；人民根據「亙古以來」即存在的法律
而形成。這項法律可以為某些元素賦予領導之權，
讓他們自然地為「人民」發聲。在早期現代歐洲，
即使是革命（或是被我們認定為革命的行動），都是
在這種理解中進行的——法國宗教戰爭中的反暴君派
（monarchomachs）正是一例。他們將反抗的權利交給
「君王之下的行政長官」（subordinate magistrates），
而不是沒有組織的大眾。這正好也是英國議會反抗查
理一世的論據。

　　這條漫長的路或許要到今日才會完結。我們或許
也一樣是精神限制的受害者，將被後代子孫指責前後
矛盾或偽善。無論如何，這段旅途中一些非常重要的

歷程是很晚近才發生的，前面提到的當代性別關係就是一個例子。但我們不應該忘記，在不久前，我們設想中的現代社會，在在處處都離這樣的社會想像有段距離。歷史學家尤金‧韋伯（Eugen Weber）說明，[19] 在上一世紀，大量的法國農民社群如何轉型成為一個擁有四千萬公民的法國。他清楚指出，這些人之前的生活方式非常仰賴行動上的互補，而與平等觀念相去甚遠。性別關係是明顯但並非唯一的改變，長子以下的手足，命運也從此不同；在過去，他們得放棄繼承，維護家產的完整與延續。在一個貧窮與不安，恆常受匱乏威脅的世界裡，家庭與社群的規則似乎是生存的唯一保障。個人主義這種現代生活方式，看起來是個奢侈品、危險的放縱。

我們很容易忘記這段過去，因為一旦安穩地處在現代社會想像中，這想像看來就是唯一的可能、唯一有道理的想像。畢竟，我們不都是個人嗎？我們不正是為了大家的相互利益而在社會中連結起來的嗎？否

---

19 *Peasants into Frenchmen* (London: Chatto & Windus 1979), ch. 28.

則又該如何衡量社會生活？

　　這使得我們很容易對這個過程產生相當扭曲的觀點，可見於兩方面。首先，我們傾向將這新原則秩序的進展，以及其對傳統互補模式的取代，等同於「個人主義」興起並取代「社群」。然而，對個人的新理解，免不了有著對社會性（sociality）、互利社會的新理解；根據新的理解，功能分化最終是偶然的，社會成員在根本上是平等的。由於這點時常為人所忽視，所以我在前面不斷強調。個人看似如此重要，是因為我們將舊的互補形式遭到取代一事，等同於社群力量的消逝。我們似乎時常得面對的一個難題，是如何勸誘或強迫個人進入某種社會秩序，使其依循、遵守規範。

　　崩潰的失敗經驗頻頻發生，然而，這不應掩蓋一項事實，就是現代性也屬於社會性新原則的興起。法國大革命的例子即顯示崩潰確實會發生，大家常會因為戰爭、革命或快速的經濟改變而遭到驅趕，離開舊形式，但他們又還來不及在新結構裡找到自己的立足點，亦即將某些轉化後的作法連結到新原則，以形成一個可行的社會想像。然而，這不表示現代個人主義

在本質上能促成社群的瓦解。現代政治困境也不是像
霍布斯定義的那樣，「該如何將原子式個人從囚犯困
境中解救出來？」關於真實、不斷出現的困難，托克
維爾或當代歷史學家傅勒（François Furet）都有更好
的定義。

第二個扭曲很常見。現代原則在我們看來是如此
不證自明——我們天生就是獨立的個人。這令我們在
討論現代性的興起時，會傾向採取減法式的描述。如
此一來，只需要將自己從舊視野中解放出來，唯一在
眼前的替代方案就是互相服務的秩序觀。不用創新洞
見，不用努力建設，只要告別古老的宗教和形上學，
立即豁然開朗，只剩下個人主義和互相服務的觀念在
眼前。

然而，實際情況恰好相反。綜觀歷史，人類幾乎
都活在互補模式中，摻雜著程度高低不等的階級制
度。過去的確存在過平等的一方天地，例如城邦中
的公民，不過，只要用宏觀的角度重新檢視，就會發
現這平等島嶼其實處在階級的汪洋之中。遑論這些社
會對現代個人主義而言是多麼格格不入。比較驚人的
是，這竟然有可能導引出現代個人主義，不僅影響理

論層面，更能轉化並且滲透社會想像。這種想像目前連結到的社會，在人類史中前所未有地強大，加以抵抗簡直是不可能且瘋狂的嘗試。不過，我們應該避免時空錯置的誤會，以為情況向來如此。避免這種錯誤的最好方法，是再度提醒自己，這理論掌握我們想像力時所憑藉的階段，其實屬於一個漫長又經常充滿衝突的過程。

## （三）現代道德秩序之特點

隨著論述的開展，我會開始著手進行一部分。但在目前這個階段，我想集中前面的討論，簡要說明道德秩序的現代理解方式有哪些主要特點。

這些特點可以分成三點，隨後我會補充第四點：

（1）互相服務秩序最初的觀念化，來自於權利與正當性統治的理論，以個人為起點，設想社會為了個人而存在，並視政治社會為前政治（pre-political）事務的工具。

這樣的個人主義，表現出對先前主流階層觀念的排拒；在過去，人只能在整體社會中擔任一個合宜的

道德行動者，而這樣的社會展現的就是階層互補的本質。這種個人主義最初的形式獨尊格勞秀斯與洛克式理論，反對其他所有觀點，尤其是亞里斯多德的理論，因為他認為人若是外於社會，就無法成為一個獨立的人類主體。

隨著這個秩序觀念演進，並產生一些新版本，這又再度與重新將人類定義為社會存在，在道德方面無法獨立運作的哲學人類學連結起來。盧梭、黑格爾和馬克思先提供了一些範例，今日也有許多思想家跟隨他們的想法。不過，我認為這些都還只是現代觀念的修改版本而已，因為他們設想中的良序社會，包含了平等個人之間的互相服務這個重要元素。這是一個值得追求的目標，即使對認為「資產階級個人」（bourgeois individual）並不存在，這個目標只能在共產社會裡實現的人來說，也是如此。即使與其關連的概念對立於自然法理論家，並且與其所拒斥的亞里斯多德理論更為接近，現代觀念的核心在我們的世界中仍舊是主流觀念。

（2）政治社會作為工具，讓個人可以為了相互利益而彼此服務，不但能提供安全保障，也可以促進交

流與繁榮。其中的任何分化都是根據這個目的而來，沒有任何階層或其他形式在本質上是好的。

如我們之前所見，重點在於，比起獲得更高尚的德行，互相服務更著重日常生活的需求，以保障人作為自由行動者所需要的生存條件為目標。此處，修改的版本同樣牽涉到一些修正。以盧梭為例，自由本身就成為定義一個新德行的基礎，而真正互利的秩序，則漸漸與鞏固個人獨立德行的秩序密不可分。不過，盧梭及其思想上的追隨者仍然強調安全、平等與日常生活所需的保障。

（3）這個理論以個人為起點，而個人正是政治社會必須服務的對象。更重要的是，此一服務是由個人權利的保衛來定義的，而自由是其中一項相當重要的權利。政治社會必須奠基於受其約束者的同意，此一要求證實了自由的重要性。

如果我們思考一下這個理論運作的脈絡，就可以明白，對自由的強調是高估了些。互利秩序是一個尚待建構的理想，對於想建立穩定和平情勢，並重整社會、使社會更貼近規範的人來說，的確可作為一項指引。這個理論的支持者視自己為行動者，能夠透過

自由、有紀律的行動來重建自己的生活，甚至是更廣
的社會秩序。他們是受到保護、有紀律的，自由能動
性對他們的自我理解極為關鍵。對於權利的強調，對
自由權利的推崇，不只來自於「社會是為了成員而存
在」的原則，更反映出他們對其能動性的想法，以及
這能動性對世界有什麼規範要求（也就是自由）的想
法。

　　因此，此處運作的倫理，應該由能動性的條件，
以及這理想秩序的要求來界定。我們最好把這想成自
由與互利的倫理。能動性與理想秩序的要求都非常重
要，而這也正是何以「同意」在由此種倫理衍生出的
政治理論中扮演了重要角色。

　　總而言之，我們可以說，互利秩序（1）在個人
（至少是獨立於更高階層秩序的道德主體）之間成
立。（2）關於互利，最重要的部分包括生命及生存方
式，而這些利益的保障都和德行的實踐有關。這是
為了（3）保障自由，而且很容易能在權利方面找到表
述方式。除了以上，我們還可以補充第四點：（4）所
有參與者的自由、互利等權利都必須要受到平等的保
障。平等的確切意涵可能不同，但一定要是拒絕階層

秩序的某種形式才行。這些都是關鍵特點,以及透過
其不同「版本」不斷出現在道德秩序現代觀中的常
數。

我在這裡要主張的是,這個秩序觀已經進入現代
西方的社會想像之中,並在某種程度上超越了這範
圍。這特別帶給我們某些理解社會的標準方式,將
之視為經濟體、公共空間、建立國家的基礎,以及為
「人民」服務的工具。此外,這些理解方式,以及其
他與這觀念相連的分析範疇,在我們看來越來越「自
然」。於是,這不僅是和看待、想像社會的特定方式
有關而已,更在本質上是社會的真實樣貌。

## (四)當代社會科學

越來越多人認為,格勞秀斯學說的興起,是啟蒙
的另一面向,也就是說我們完全視之為知識方面的收
穫,離開黑暗步入光明。所謂的「黑暗」,就是無視
曾經出現過不合適的實證立法情況,或忽視以階層方
式安排不同地位之生命的宇宙秩序,執意引用「亙古
以來的法律」這種奇怪的形上實體。至於「光明」,

則是此世現況的清楚分析，據此，社會不過是種人
類聚集體而已。換言之，這個轉變乃是從「萬物之
鍊」（Great Chain of Being）的精神世界轉向霍布斯
的《利維坦》（*Leviathan*）。[20]目前我們可以用科學方
法來研究社會（雖然各個社會學者對於如何分析與解
釋有著不同意見），因此終於能將神、萬物之鍊，以
及其他在過去極具重要性的概念擱置一旁。可參見英
國歷史學家崔弗羅普（Hugh Trevor-Roper）為吉朋
《羅馬帝國衰亡史》（*The History of the Decline and
Fall of the Roman Empire*）所寫的導言。在崔弗羅普
看來，吉朋構思「哲學史」時，追隨了前人的腳步，
冒險「以世俗精神處理教會歷史，不將教會視為真理
（或謬誤）之所在，而是視為一個人類社群，與其他
社群一樣遵守相同的社會法則」。[21]兩者間的對立很清
楚；一方是有著自己「法則」的「社會科學」，另一
方則是不同的觀點或論述，引進某些未經科學證實的

---

20 相關討論見Mark Lilla, *The Stillborn God*。
21 H. R. Trevor-Roper, ed. *The Decline and Fall of the Roman
Empire*, by Edward Gibbon（New York: Twayne, 1963）, p. x.

準則，用以分辨真理與謬誤。

　　社會科學帶來的解脫，可以符合主張（a），也就是說，可以合理地滿足每一位正直、思緒清晰的思想家。不過，其他用以辨別真偽的論述，則會受到（b）的批評，因為這永遠都無法得出可靠的結論，最終只能說服已經接受這些準則的人。

　　簡言之，對（a）＋（b）區別的要求，使得第一節所述的（3）在此處等同於由後伽利略自然科學出發的主張，也就是（2）。要是有（2）的支持，（3）顯然會更有說服力，不過，即使只有（3）本身，似乎也足以證明，（a）＋（b）區別可以應用在道德和政治事務。

　　前面幾段我提到的主張，都是由通常稱為社會科學的角度所出發的。不過，我這麼主張時，都是透過針對格勞秀斯思想的討論而來，因為我相信這個思想運動（我們認為這是朝向此世啟蒙前進的一步），是讓這些主張具有可信度的部分背景。在某個時間點，我們走出超凡世界的陰影，正視現實。我們可以想像吉朋和孟德斯鳩存在於經過啟蒙的現代空間中，或者，我們也可以將霍布斯視為推動此一重要轉變的人。但是無論如何，分析社會時，將社會視為人類遵

守規則共同生活的方式，擺脫宇宙或神聖秩序的背
景，在某種程度上就是一個關鍵變化。

　　當然，如果我們很重視離開更高秩序的這一步，
那麼沒道理不對馬基維利推崇備至。實際上，大家的
確很重視他的學說，他比格勞秀斯更進步了一個世
紀，思想也在一個相當不同的概念架構中運作。這架
構在很大程度上承襲了古典時期以來的公民人文主義
傳統（civic humanist tradition）。不過我相信，格勞
秀斯的思想，對現代理性這個幻覺非常重要，因為現
代理性可以在政治道德方面主張（a）。此種分析方式
為人權、平等、人民主權等當代政治道德提供了獨特
背景，而這些政治道德在今日更是獲得了幾乎不容置
疑的地位。我甚至想主張，格勞秀斯定義的人類困
境，透過盧梭，為康德的道德與政治理論提供了關鍵
背景。至於效用主義這種也十分風行的世俗道德理
論，顯然亦由此獲得其理論架構。

　　因此，我們應該如何看待（3）？跟（2）一樣，這
牽涉到數個不同的變動時刻。透過（2），我們看到（i）
啟蒙迷思藉由後伽利略自然科學成真。雖然這種科學
貶低了柏拉圖或亞里斯多德的形式論架構，但這些架

構在本體論、道德或美學方面，還是有重要之處值得
學習。不過，在動力因果關係（efficient-causal）方
面，當解釋物質現實（material reality）的領域獲得
解放後，大大增進了我們對此一現實的認識與理解，
更不用提我們對現實的掌控也因而更為全面。然而我
們看到，（ii）伽利略取代亞里斯多德，與科學排除宗
教，這是兩件完全不同的事。最後一點，（iii）在道
德事務和政治事務方面，或許有種思維方式促成了
（a），但在這種思維方式到（i）之間是完全沒有路徑相
通的。等到這兩者間暢行無阻時，也就可以用唯物的
化約方式來描繪人類生活了，但我們離那一天至少還
有幾世紀之遠。

　　不過，主張（3）會帶來其他問題。首先，（ii）中
提到關於伽利略思想運動的情況，也同樣適用於格勞
秀斯思想運動。我們時常聽到當代人表示，現代性讓
我們終於明白世上沒有由神意制訂的社會秩序，我們
現在必須自己訂立法律，聽從人類自己的權威；這種
結論與幾世紀之前的想法，已相去甚遠。如我之前所
提，我們要不就是把現代自然法視為合乎天意的人類
境況產物，要不就是視為神的命令；後者似乎是洛克

和普芬道夫的觀點，前者則看來像是美國獨立宣言之類文件的基礎。當然，神的命令不一定要透過神聖啟示來傳達，如洛克就認為，從神的造物中即可讀出祂的意旨。不過，如此一來，我們還未能跨越宗教的範圍。

然而，不只如此：我前面指出，關於自然科學的這個點（i），不是我們能代表社會科學提出的，這缺乏知識方面的果決前進來作為基礎。社會科學中的某些細微觀察的確能夠導出這樣的主張，比如追蹤記錄投票模式隨時間的變化、貧困率（incidence of poverty）及輿情報告。這類事務在原則上都有可能建立毫無爭議的命題（雖然個別主張常有相關爭議），但社會科學就是要試著解釋這些模式，因此不能滿足於如此渺小的發現。這些必須要能放在解釋架構中，提供素材以解答某些特定類型的問題。一旦你來到典範層次，就要面對到諸多分歧的意見。

我們想到的或許是由霍布斯和洛克詮釋過，基本上偏向原子論的原始格勞秀斯模型，也或許想到針對這模型的批評──這些批評試圖克服原子主義的問題──從孟德斯鳩、盧梭、費希特、黑格爾、馬克思到

涂爾幹和韋伯都在此列。但無論如何,過去沒有,未來也不會出現各方思想往同一典範匯聚的情況。當然,我們是可以對此表示異議,畢竟在自然科學裡的確發生過典範變遷。但不得不說這是兩回事。在自然科學領域中,無論在任何時間點上,各家理論往同一典範匯聚是最常見的情況。雖然隨後出現的異例可能會推翻典範,不過,一旦充滿問題的舊典範被新典範取代後,就可解除危機,這是最典型的一種發展。然而,在社會科學中卻從來沒有發生過典範趨同的情況,也沒有能算是明確取代其他思想的思潮轉變。格勞秀斯思想運動、之前的馬基維利式思想,還有其後在社會方面的「大理論」(grand theories),除了在擁護者眼中之外,都從未能夠帶來明確的知識收穫。雖然(b)向來用於形容宗教論述,但也適用於社會科學,因為社會科學沒有提供對比以供參照。

　　不過,我們現在更能夠精確指出困難何在。社會科學中的大理論有其不同的哲學人類學,對人類在社會中如何連結、人類追求的根本目標,以及神聖與塵世的區別,都有不同觀點;各個不同大理論就是由這些觀點來區別的。不過,這同樣也是倫理與道德論述

及社會德行敘述背後的考量。社會科學不能針對政治道德用（a）去建立一套思維方式，因為這個領域內部由相互對立的人類學所區隔，對人類的道德社會困境都有著獨特理解，也因此根本不會出現與（iii）相關的問題。

為了說明清楚，我必須指出，在對立觀點的衝突之中，世俗、此世的人類學不會比神學或宗教人類學更受到知識上的偏好。如此一來，這個我們假定存在於宗教觀點與此世思維模式之間的（a）＋（b）區別，就成了一個幻象。

但就跟所有的幻象一樣，只要我們不就近考察其基礎，由遠處看來是相當牢固的。這幻象仰賴敘事的暗示力量而維持，而這敘事則圍繞著三個重要主題，說服力由低至高如下：（1）笛卡兒式的基礎論（Cartesian foundationalism）與隨之而來的理性主義，（2）後伽利略科學的來臨，以及（3）格勞秀斯式的社會理論重建，以及其所引發的社會科學辯論。如果你後退一步，拉開一段距離，格勞秀斯思想運動看來確實比萬物之鍊那類的理論更具世俗性，更揭開了除魅的時代。此時人類發現自己孤單地處在一個中立

的世界裡，無論做什麼都得自己制訂規定。接著，這
樣的敘事越來越牢固，讓我們沉醉在只需要理性、只
需要單在理性的美好幻夢中。

中央研究院講座系列
# 當代社會中的理性

2018年9月初版　　　　　　　　　　　　　　　　定價：新臺幣290元
2021年8月初版第二刷
有著作權・翻印必究
Printed in Taiwan.

| | | |
|---|---|---|
| 著　　者 | Charles Taylor | |
| 編　　者 | 蕭　高　彥 | |
| 譯　　者 | 蔣　馥　朵 | |
| 叢書主編 | 沙　淑　芬 | |
| 校　　對 | 謝　麗　玲 | |
| 封面設計 | 許　晉　維 | |

| | | | | |
|---|---|---|---|---|
| 出　版　者 | 聯經出版事業股份有限公司 | 副總編輯 | 陳　逸　華 | |
| 地　　　址 | 新北市汐止區大同路一段369號1樓 | 總編輯 | 涂　豐　恩 | |
| 叢書主編電話 | ( 0 2 ) 8 6 9 2 5 5 8 8 轉 5 3 1 0 | 總經理 | 陳　芝　宇 | |
| 台北聯經書房 | 台北市新生南路三段94號 | 社　長 | 羅　國　俊 | |
| 電　　　話 | ( 0 2 ) 2 3 6 2 0 3 0 8 | 發行人 | 林　載　爵 | |
| 台中分公司 | 台中市北區崇德路一段198號 | | | |
| 暨門市電話 | ( 0 4 ) 2 2 3 1 2 0 2 3 | | | |
| 台中電子信箱 | e - m a i l：l i n k i n g 2 @ m s 4 2 . h i n e t . n e t | | | |
| 郵政劃撥帳戶 | 第 0 1 0 0 5 5 9 - 3 號 | | | |
| 郵撥電話 | ( 0 2 ) 2 3 6 2 0 3 0 8 | | | |
| 印　刷　者 | 世和印製企業有限公司 | | | |
| 總　經　銷 | 聯合發行股份有限公司 | | | |
| 發　行　所 | 新北市新店區寶橋路235巷6弄6號2樓 | | | |
| 電　　　話 | ( 0 2 ) 2 9 1 7 8 0 2 2 | | | |

行政院新聞局出版事業登記證局版臺業字第0130號

本書如有缺頁，破損，倒裝請寄回台北聯經書房更換。　　ISBN　978-957-08-5179-3 (平裝)
聯經網址：www.linkingbooks.com.tw
電子信箱：linking@udngroup.com

國家圖書館出版品預行編目資料

**當代社會中的理性**/ Charles Taylor著 . 蕭高彥編 . 蔣馥朵譯 .
初版 . 新北市 . 聯經 . 2018年9月（民107年）. 144面 . 14.8×21公分
（中央研究院講座系列）
ISBN　978-957-08-5179-3（平裝）
[2021年8月初版第二刷]

1.政治社會學　2.世俗化　3.政治思想

570.15　　　　　　　　　　　　　　　　　　　　107015551